高中思想政治课
应用情境教学法研究

孙永胜　著

北京出版集团

北京教育出版社

图书在版编目（CIP）数据

高中思想政治课应用情境教学法研究 / 孙永胜著 .
北京 : 北京教育出版社 , 2025. 5. -- ISBN 978-7-5704-
7632-9

Ⅰ . G633.202

中国国家版本馆 CIP 数据核字第 20253165CA 号

高中思想政治课应用情境教学法研究

GAOZHONG SIXIANG ZHENGZHIKE YINGYONG QINGJING JIAOXUEFA YANJIU

孙永胜　著

＊

北 京 出 版 集 团
北京教育出版社　出版
（北京北三环中路 6 号）
邮政编码：100120
网址：www.bph.com.cn
京版北教文化传媒股份有限公司总发行
全国各地书店经销
河北宝昌佳彩印刷有限公司印刷

＊

710 mm×1 000 mm　16 开本　11.5 印张　160 千字
2025 年 5 月第 1 版　2025 年 5 月第 1 次印刷
ISBN 978-7-5704-7632-9
定价：78. 00 元

版权所有　翻印必究

质量监督电话：(010)58572525　58572393
购书电话：18133833353

前　言

在当今时代背景下，思想政治课程的教学应该强调教学过程的实践性和开放性，这是思想政治课程实施的基本理念。所谓实践性和开放性，就是要加强实践环节，牢固树立实践育人的理念，组织和开展主题鲜明、内容丰富、形式新颖、吸引力强的实践活动。教师要给学生呈现一个真实的世界，让学生的学习不局限于学校的课堂，让学生走出课堂，走到社会中去，从广阔的世界中汲取知识和经验，从而更好地提升自己各个方面的能力。情境教学法为高中思想政治课教师提供了能够促使课堂更加具有实践性和开放性的方法论。但是情境教学法在高中思想政治课中如何具体运用的研究非常少。本书通过对有关情境教学法文献资料的整理和研究，结合一定的教学经验，进一步阐述在高中思想政治课中使用情境教学法的意义，探讨在高中思想政治课中应用情境教学法如何进行教学设计，并通过对思想政治课教师在思想政治课中的教学现状进行分析，找出情境教学法在应用过程中存在的问题，提出相应的改进策略。总体而言，本书从理论层面和实践层面阐述了在高中思想政治课中如何更好地应用情境教学法，可为一线思想政治课教师提供有关情境教学法的理论指导和实践参考。

目　　录

第一章 情境教学法的理论分析

第一节 情境教学法的概念和特征

高中阶段开设思想政治课具有重要意义。思想政治课是所有学科中最具德育价值、最能突出综合育人目标的一门课程。情境教学法有利于德育的落实和教学目标的达成。明确情境教学法的相关概念，总结和概括其特征，能够充分体现该方法独有的教学功能以及将其应用到思想政治课中的必要性。

一、情境教学法的相关概念

研究情境教学法先要明确其概念。情境教学法从字面上可以分解为"情境"和"教学法"两部分。本书研究的情境是指教学中的情境。要想理解情境教学法，先要分析教学情境和情境教学法的概念。

（一）教学情境

虽然不同的学者对教学情境的定义不同，但对其基本含义的理解存在某些共同点。教育学者李吉林认为，感情是情境教育的生命线，激发情感是情境教育的第一步，"没有情感就没有情境教育"①。教师必须重视情境中情感的作用，将情放入境中。教学情境须以情感为纽带。教师要关注真实世界，在真实社会生活中寻找情境素材，将这些素材作为情境创设的资源，创设出有情感的典型情境，唤起学生有情的体验，让学生通过情的体验感受境的美，更轻松、更容易地理解和掌握知识。情由境生，情由境创，情与境是相互依存的，教学情境既要有情，也要有境。教学情境是教师在教学的过程中，根据各个教学要素和教学实际，创造具有一定情感性的学习环境或学习氛围，实现情和境的交融，这种情境能够呈现出一定的生活特点和生活状态。教师只有将情和境相融合，才能发挥教学情境的作用。

本书所说的教学情境是指教师根据教学目标、各教学要素创设或利用的，服务于课堂教学的一种符合教学实际的、有情绪色彩和情感氛围的教学场景和氛围，能够激发学生的学习欲望，让学生自主参与并探索情境。高中思想政治课中的教学情境是结合了思想政治学科的特点、符合教学内容的教学情境，寓情于境，能够促进学生的课堂参与和知识掌握。

（二）情境教学法

"情境教学法"，从字面来看，"情"在"境"前，体现了要以境促情，以情达境，否则就成了有境无情或有情无境的教学方式。情境教学法与传统教育相比的优势在于它是动态的、有情的教育方式，这种情通过境来体现。"法"是一种方法，是一种标准和模式，教学法是实施教学

---

① 李吉林.情感：情境教育理论构建的命脉[J].教育研究，2011，32(7):65-71.

的某种方法和某种操作标准，情境教学法概括起来就是一种通过情境促进教学的教育方法。不同学者对情境教学法内涵的理解各有不同。李吉林认为，情境教学法是一种能够让学生获得积极情感体验的教学方法，教师在教学过程中创设和利用生动的情境，使学生能够感受和体验情境，引起学生情感共鸣①。大多数研究者认为，情境教学法是指教师结合学生的实际情况，根据教学内容，运用现代化教学手段，有意识地创造出促进学生学习的教学情境或教学氛围，以激发学生的学习热情，提高学生的积极性，使学生参与教学过程，在情境中提高感知力、锻炼能力的一种教学方法。

本书认为，情境教学法是教师结合教学实际，结合教材内容，选择贴合学生生活和学习需要的素材，创设出各种生动形象的教学情境，利用这些情境激发学生的兴趣，使学生愿意自觉参与课堂活动、主动建构知识、深入把握知识，提升教学质量，使学生的核心素养得到发展的一种教学方法。高中思想政治教师应用情境教学法，要创设或引入符合思想政治学科特点和教学内容的有效情境，选择合适的素材，营造出情境氛围，启发学生思考，通过使学生在情境中学习，提高学生的综合能力。

二、情境教学法的特征

情境教学法与其他教学法不同之处在于该方法强调以境促情、以情达境，通过创设情境、感悟情境，让学生在情境体验中获得知识，在情境中拓宽看待问题的视野，提高解决问题的能力。情境教学法有其独有的特征，这也是这一教学方法的本质体现。

（一）情境创设具有有效性

情境创设的有效性是情境教学法的特点之一。情是调动一个人欲望的

---

① 李吉林.中国式儿童情境学习范式的建构[J].教育研究，2017，38(3):91-102.

重要因素。教师想要激发学生的学习欲望，可以创设出具体的、有效的情境，打开学生的情感开关，通过这种情境，让学生感悟知识和现实、理论和实践之间的联系，达到情感共鸣。情境教学法与传统的教学方法相比有其自身的优越性，它更加注重对学生的情感陶冶、价值引导和精神建构，尊重学生的主体性，给予学生自我表达和自我发展的空间。而传统教学法很少创设贴近现实的情境，局限于关注知识目标的达成。情境教学法将源于社会生活和实践中的素材引入教学过程中，使之转化成呈现知识和再现生活的某一个或多个具体的教学情境，通过这种具有真情实感的教学情境来引起学生的兴趣，让学生参与探究情境的活动，使学生对事物进行情感表达和态度选择，提高学生感知事物的能力，丰富学生的内心世界和情感世界，从而使学生更有能力去解决生活中的实际问题。可见，情境教学法能够创设有效的情境，在情境教学过程中使学生的知、情、意、行统一起来，激发学生积极的体验，达到良好的育人效果。

（二）情境素材具有生动性

教师运用情境教学法，需要选择各种教学素材来进行情境创设和呈现。高中生独立思考的能力增强，判断力和领悟力得到提高。然而，高中思想政治课包含的知识点较多，综合了经济、政治、社会、历史、地理等方面的知识，很多内容高度概括且抽象，理论性很强。如果教师仅仅将理论知识以一般的教学方式直接呈现到课堂上，那么一些学生对知识的理解会存在一定的困难，对知识的掌握不够深入。因此，采用合适的教学方法格外重要。情境教学法使用的素材是丰富、生动且形象的，可以赋予理论一定的生动性，将静态的知识变成动态的、鲜活的表达。教师通过筛选生动形象的情境素材，创设动态化的情境，可以使枯燥的理论知识变得生动形象，增强课堂的趣味性，使学生愿意主动探究。素材的生动性是情境教学法的一个特征。没有生动的素材支撑，情境就是生硬的、僵化的，失去其创设的意义。利用生动形象的情境素材，有利于激发学生的想象力，超越学生现有的经验和原有知识储备，超越课堂的时空限制，丰富学生的情感体验，增强学生的想象力，延伸思维空间，让课堂迸发活力。

（三）教学过程具有启发性

情境教学法的教学过程具有启发性，重视在学生参与和体验的过程中引起学生的情感体验，引导学生发现、思考和解决问题（图1-1）。教师经常会在创设情境时设置一些问题，预测学生会如何回答，在这个过程中启发、暗示和引导学生思考。在实际课堂上常常会生成一些问题，学生的提问和不解可能会与教师预测的回答不一致，甚至学生的某些观点与教材内容也不一致。情境教学法关注和重视学生的独特想法，提倡独立思考精神和创新精神，鼓励学生在情境中感悟新知，加强对学生思想道德观念的引导和知识引领，使学生在情境体验中真实地做自己，敢于问为什么和怎么办，使学生相信学习的力量，相信课堂教育的力量。情境教学法能够充分尊重学生，保护和重视学生的好奇心，支持学生大胆思考，启发学生主动发散思维，鼓励学生展示个性、挖掘自我潜能，关注学生的课堂真实体验，尊重学生的学习主体地位，促进学生思维能力提升。

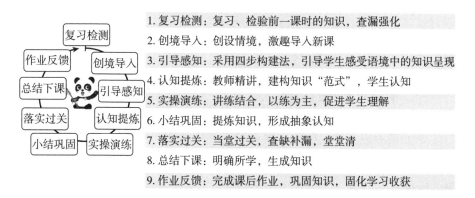

1. 复习检测：复习、检验前一课时的知识，查漏强化
2. 创境导入：创设情境，激趣导入新课
3. 引导感知：采用四步构建法，引导学生感受语境中的知识呈现
4. 认知提炼：教师精讲，建构知识"范式"，学生认知
5. 实操演练：讲练结合，以练为主，促进学生理解
6. 小结巩固：提炼知识，形成抽象认知
7. 落实过关：当堂过关，查缺补漏，堂堂清
8. 总结下课：明确所学，生成知识
9. 作业反馈：完成课后作业，巩固知识，固化学习收获

图1-1 情境教学法的教学过程

（四）学习环境具有开放性

情境教学法的学习环境具有开放性。一方面，目前，由于互联网的迅速发展、大数据时代的来临，学生可以快速、便捷地获取各种信息资源，渴望教学形式更加丰富的课堂，在更为开放的学习环境中获得体验感。另一方面，思政课不同于其他学科，是动态发展的，学生学习的内容以及讨论的热点都会随时发生变化，因而教师要做到与时俱进，紧跟时事政治，走在学生前面，及时更新教学理念和教学设计，创设出具有时效性的教学情境。采用情境教学法，教师能够根据时代的发展、热点的变化选择合适的素材去创设情境，让学生在民主、和谐的教学氛围里以及自由、开放的学习环境中展示自己。情境教学法能够让学生走出课堂，走出学校，化解课堂学习的封闭性、固定性弊端，突破时间和空间的限制，创设具有时效性的情境，让学生拓展思维、拓宽视野。教师还可以设定实践环节和活动，如参观、走访，充分利用社会生活中的各种资源，优化教学，提升教学质量。

第二节　情境教学法的功能和应用要求

一、情境教学法的功能

情境教学法具有不同于其他教学方法的功能。教师应用情境教学法，可以引导学生主动学习，获得积极且充分的课堂体验，启发学生探索知识、解决实际问题。

（一）情境教学法为学生搭建主动学习的平台

情境教学法能够为学生自主学习创造良好的环境和平台，提高学生学习的主动性，强调了学生是学习活动的主体。尽管一直以来的教育观点都推崇自主学习的理念，旨在提高学生自主学习的能力，采用了较多的方法来提升学生学习的自主性，但是目前学生自主学习的实践教学成果仍然有待提升。如何将知识更好地教授给学生，如何引导学生在教学活动中自主去学习和获取知识，提升学生的学习能力和情感体验，使教学目标达成，这些都是教学中需要重点考虑的问题。情境教学法的主要优势在于教师可以通过情境创设引导学生自主地在教学环境中寻找知识、理解知识、掌握知识，这一过程就是将学习的主动权交还给学生的过程。教师在这个过程中的主要角色是情境的创设者、方法的实施者以及学生学习过程的组织者。情境教学法能够为学生提供自主学习、理解知识以及丰富体验的学习情境和良好平台，能够培养学生学习的自主性，进而提高学生的自主学习能力。

（二）情境教学法让学生获得充分的情感体验

情境教学法可以引导学生在学习过程中充分感受和体验特定的教学情境，激发学生学习知识的强烈情感，使学生获得充分的体验，提高其自主思考的能力。辩证唯物主义认识论指出，认识的过程就是由感性认识上升到理性认识的过程，是从具体向抽象转化的过程。对于学生而言，学习过程即认识过程。高中思想政治学科具有较强的逻辑性和严谨性，很多词语概念性、概括性较强。对于一些抽象思维能力不强的学生来说，这一学科的学习是较困难的。如果教师忽视学生的真实感受，教学缺乏从感性认识向理性认识转变的过程，结果就是教学过程往往是机械的，导致学生的学习体验和情感体验得不到满足，进而影响学生对学习的兴趣。

情境教学法能够让学生真正体验知识转化的过程。由于学生认知水平有限，具有情绪化的特点，所以教学过程应该尽可能减少理论的说教，而要提升学生的情境体验。情境可以让学生拥有一定的感性认识，然后阐述和证明理论观点，可以降低教学难度，提升学生学习的体验感，使他们获得学习的快乐。情境教学法为学生的情感体验提供了充分保障，让学生在教学情境中感知，通过感知来影响学生的情感，进而引起学生思考，使学生能够充分将感性思维转化成理性思维。这样的教学过程既有趣又有效，使学生对知识的理解更加深刻，也可以提高学生的学习能力，促进学生良好情感、态度的形成。情境教学法能够使教学和日常生活相关联，教材不再是教师进行教学的唯一工具，生活中日常可见的各种社会热点都能成为教学的素材，学生在课堂上进行充分的讨论和交流，既有情感、态度的传递，又与知识建立起联系，学生还可以通过感官类的情境和实践类的活动来学习知识，从而提高学习效果。

（三）情境教学法为学生提供开放的探索空间

情境教学法能够引导学生主动探索未知的知识，延伸课堂的学习空间，使学生在情境中拓展思维，启发学生对知识产生敬畏，对未知产生好奇。这一教学方法符合现代社会对人才的要求。情境教学法是以情境来带动学生学习知识的，情境是教学过程中的关键，为学生的学习提供自由、开放的环境，使学生能够在超越时空限制的空间中进行知识探索，使学生能够通过自主学习和探索来获取知识。情境教学法的这种功能体现在三个方面：首先，学生通过教师提供的情境材料自主进行学习，对于材料包含的一些具有一定难度的知识点，可以通过特定情境进行理解。教师在这个过程中主要引导学生更好地理解情境，进一步引导学生参与课堂活动，设置一系列符合情境的问题，帮助学生由浅入深地进行学习，而不是直接传授知识点，这样的教学过程有利于提高学生在情境中理解和解决问题的能力。其次，对于课程中较为简单的且与日常生活联系较为紧密的知识点，学生可以自行将知识点与相应的情境联系起来，主动分析知识点、理解知识点。在这一过程中，教师可以鼓励学生大胆创新，探索实践，将学习过程转变成一个自主学习和自主探索的过程，将知识学习延伸到自然环境和社会活动中。最后，教师在完成教学目标的前提下，依然可以为提高学生的综合能力创造可能，拓展学生自主学习的空间，采取一定的活动措施或者组织一系列实践活动，引导学生在日常生活中积极进行探究学习。教学活动不仅仅在教学过程中，教师还可以走出课堂，利用课外的情境，布置实践类作业，让学生到社会的真实情境中检验学习的效果，提高学生自主探索的能力，提升学生的综合素质。

二、情境教学法的应用要求

了解情境教学法的应用要求，可以充分使用该教学方法，使各教学要素有效结合起来，从而保证更好的课堂教学效果。

（一）教学目标指向学科核心素养培育

情境教学法要关注学科核心素养的培育。教师应创设符合高中生学情特点的教学情境，让学生在一定的情境中学习和掌握知识，促进学生综合能力和品格的发展。在教学过程中，教师可通过情境架起感性认识向理性认识转化的桥梁，凸显对学生思想道德素质的培养。培养学生的核心素养是非常重要的。教师既要创设出符合学生认知特点的情境，也要紧跟时事，使教学过程符合学科特点和课程目标要求。教师是情境教学法的实施者，要明确自己的教学任务以及自身教学的出发点，要促进学生综合素养和能力的发展，为学生的学习和发展服务。教师在确定教学目标时，要考虑通过情境为学生提供主动学习的机会，激发学生的学习动力，使学生的个性得到引导和发展。情境教学法可以灵活创设生动形象的情境，利用贴近学生生活实际的素材帮助学生学习理论知识，使学生形成敏锐的政治思维能力。

教师应用情境教学法，要创设真实的情境，以增强学生的课堂参与感和体验感，培养学生理性思维和法治意识，培养学生参与社会活动的意识。应用情境教学法的目的是，让学生在某种情境和情绪氛围中主动参与课堂活动，学习知识，激发情感，思考问题和解决问题。学生被激发情感后，能够对某一事件和状况进行价值辨析，经过客观的价值引导，形成正确的价值观，增强独立思考的意识和能力，具备社会参与的意识和良好的品格。情境教学法的应用，要使课堂教学更加高效，通过好的教学方法让学生真正有所收获，达到核心素养培育的要求。情境教学法要关注和重视核心素养的培养，核心素养是情境教学法的重要评价指标。是否关注和达到核心素养的培养要求是评价情境教学法使用是否合理的重要标准。

（二）充分利用教学资源进行情境教学

在现代化教学中，教师会利用现代教学资源和现代化教学手段来促进教学，以此保证良好的课堂效果。教师要想使情境创设更加具体、生动和富有感染力，需要有相应的教学资源来支持，这些教学资源主要包括硬件设施和信息技术等。第一，情境创设需要借助一定的工具，因此要保障教学资源的充分配备和正常使用。例如，学校要保障各个班级的硬件设施齐全，保障每个班级都能有正常使用的多媒体设备，有一些学校配有录播室、智慧教室等。通过对硬件设施类教学资源的充分利用，教师能够丰富情境创设的手段，拓展情境创设的选择空间，更好地发挥情境教学法的作用。第二，现代信息技术的应用有利于情境教学法的实施，如大数据技术、云共享技术、VR 技术等。教育要顺应时代的发展。发展现代化教育，要进行现代化教学。充足的物质支持和技术支持使教师能够充分利用相关教学设备和信息技术。教师要充分发挥自身的创造性，利用现代教学设备和技术进行情境教学，从而保证在高中思想政治课上充分实施情境教学法。第三，教学素材也是教学资源中重要的内容，包括文字素材、图表素材、音视频素材、活动素材等。教师在实施情境教学法的过程中，应合理选择素材，既要结合教材内容，也要结合学生的生活实际，通过筛选和使用各种素材，保证情境创设的良好效果。

（三）基于教学实际创设有效教学情境

教学情境是情境教学法中的关键内容，创设教学情境是教学过程中的重要一环。教师想要创设有效的情境，要以教学实际为前提，不能脱离教材和教学内容，不能忽视学情和教学目标的达成，更不能偏离教学任务。要使创设的情境有效，还要达到以下要求：

第一，情境要有真实性。创设真实的情境并不是把学生完全带到对应的故事和事件中，而是利用能够利用的素材，创设出符合教学内容和教学要求的情境。最好可以在社会生活中找到典型或原型，这样有助于学生在体验中产生共鸣，用理论指导实践，解决实际生活中的问题。

第二，情境要精而不杂。教学情境并不是越多越好、越多越有效，而应适时、适度，精而不杂。无论是情境素材还是展示情境的形式，都在精而不在多。教师要创设出有效的情境，应对情境蕴含的教学价值和深刻内涵进行充分挖掘、充分理解、充分设计，从而充分发挥情境的作用。

第三，情境要有生活性。教师要针对学生的生活实际和认知特点来创设情境。学生对情境的感知程度和体验程度和他们自身的生活实际密切相关。教学情境只有贴近学生的生活，才能向生活中的真实问题靠拢，为解决问题提供方案，调动学生已有的知识和能力储备，使学生获得新的知识。

第四，情境要有启发性。教学情境要发挥启发的作用，引导学生思考问题，为学生提供参与课堂活动的机会，提供思考的平台。学生通过感知、分析、领悟和深化来完成一堂课的学习，通过对情境几个阶段的思考内化知识，解决实际问题。

第五，情境要有探究性。教师创设的情境要有特定的探索价值，可以激发学生的学习动机和探究欲望，激起学生思考问题和参与学习活动的热情，让学生自主探索和解决问题。如果情境设计得过于简单，学生就会失去学习兴趣。教学情境只有启发学生自主探究、学习，才是有效的。

（四）注重教学互动，营造和谐学习氛围

教师是情境教学法应用和实施的主体，也是情境的主导者和学生参与情境的引导者。情境教学法作为一种教学方法，包含教师教的方式、学生学的方式及师生之间的关系。实施情境教学的必要环节是师生互动。如果一堂课仅靠教师来主导情境，就变成了灌输式教学，学生难以独立思考。如果一堂课仅靠学生讨论和参与，教学效率就会大打折扣，学生的知识掌握情况参差不齐，无法保证教学目标的实现。一堂应用情境教学法的好课，必须是师生良好互动的课。教师应用情境教学法时，要通过生动的情境调动学生参与课堂活动的积极性，使学生被引入情境中去思考，提高教学过程中学生的参与度和讨论度。这样，学生乐于积极发言，能够与教师进行良好互动。

首先，在教学中，教师要促进师生互动和学生之间的有效互动，引导学生主动参与情境，尊重学生的主体地位，引导学生认识和理解学习的意义，提高他们的学习技能，并让学生参与知识建构过程和情境体验过程，使学生拥有内在的学习动力。其次，积极互动要体现民主、和谐的氛围，良好的师生关系，以及学生在情境中共同探索知识和构建知识的过程。积极互动不是简单的互动，而是人与人之间平等交流的过程，也是人际关系发展的过程。学生是学习的主体，是有独立意义和创造性的人，是情境教学法的体验者和参与者。在情境教学法应用的过程中，学生可以根据已有的知识储备，结合自身的理解和实践经历，积极参与情境，自主思考，探

索知识。对学生来说，在情境中互动意味着参与课堂活动，主动学习，积极回应教师，在情境中感受到学习的乐趣，提高独立思考能力和合作探索能力，真正有所收获。课堂教学不是教师单向付出和学生单向成长的过程，而是教师和学生共同进步、成长的过程。情境教学法实施的过程要体现师生在情境中互动的过程，这种互动过程是教师和学生共同进行活动的积极体现，能够营造良好的课堂氛围，学生能够在这种互动过程中获得知识并提高自己的综合能力。教师在应用情境教学法的过程中，要发挥师生的积极作用，实现互动过程的和谐，促进师生共同成长。

第三节 国内外研究现状

笔者通过阅读和整理相关研究文献，对国内外情境教学法的相关研究进行了分析，发现国内的研究主要集中在情境教学法的内涵、意义、存在的问题和策略等方面，国外的研究集中在内涵和意义两方面。通过概括和总结国内外对情境教学法的相关研究，明确了情境教学法在教学过程中应用的重要性。

一、国内研究现状

国内许多学者对情境教学法的研究非常丰富，取得了一系列成果。截至 2022 年 4 月，在中国知网上以"情境教学法"为关键词进行搜索，检索到 16 000 篇相关文献，其中包括期刊论文 3 803 篇、硕博论文 838 篇。合并"高中思想政治课"和"情境教学法"两个关键词，共检索到 87 篇相关文献。主要从以下四个方面分析和总结国内研究现状：

（一）关于情境教学法内涵的研究

国内许多学者研究情境教学法时对其概念进行了界定，对其内涵有不同的解释。情境教学法是通过较为生动或直观的方式，结合相应的语言表达和其他教学方式，创设出符合学生兴趣且能激发学生参与热情的情境，从而促进学生主动参与教学过程的一种教学模式[①]。在特定意义的情境中，情境教学法"注重的是过程的体验，让学生在学习的过程中感受到自己的主体地位"[②]，这种教学方法改变了传统教学中教师一个人掌控课堂的现象，使学生主动成为学习的主人。也有学者认为，情境教学法是教师结合了学科特点、教材内容和学生的身心特点，选择合适的情境素材去创设出有效情境，是学生"在积极情感和最佳环境中自主构建知识体系的高效教学活动"[③]。在运用情境教学法的过程中，教师要注重结合情境的启发性和思辨性，还要将生活性与知识性统一起来，"凸显典型性与示范性"[④]，要"兼顾情境素材的情感性、生活性和探究性[⑤]，使情境创设的内容达到情真、情切、意远、理蕴、思趣和美感。可见，想要实现思想政治课的高效率和有效性，应重视情境的内涵，加强对情境的理解，重视情境的创设，进行情境的优化。

（二）关于情境教学法意义的研究

对于情境教学法意义的研究，国内学者有一定共识。情境教学法要创设出学生能够感悟和体验的教学情境，学生能够被带入情境里参与课

① 李吉林.情境教育与德育[J].中国德育，2006（9）：5-9.

② 曹昌伟.情境教学法在高中政治教学中的运用探讨[J].成才之路，2017（4）：17.

③ 赖肖玲.情境教学法在高中政治教学中的应用探究[J].高考，2019（34）：29.

④ 黎小芳，蒙宇.思想政治课教学情境的基本特征及其创设策略[J].教育观察，2019，8（31）：16-18.

⑤ 余文森.论情境教学的教学论意义、类型及创设要求[J].中小学教材教学，2017（1）：13-17.

堂活动，教学效果便能得到强化，情境教学法帮助学生理解抽象和理论性的内容，唤起学生的学习欲望，学生自主思考问题，增强对课堂学习的体验感。创设情境是情境教学中最为关键的一个环节。创设情境的意义体现在激发学生学习兴趣、促进学生知识迁移和应用、化抽象为具体、化枯燥为生动、培养学生创新思维和实践精神、促使学生形成正确的三观①。情境教学法还有助于拉近师生之间的距离，使师生关系更加和谐。情境教学法对教师自身专业成长也有重要意义。教师要熟练利用各种现代信息技术，利用各种教学资源，整合、优化教学资源和素材，在日常教学实践中积累、更新、合理筛选素材，创设出符合核心素养培育以及学生实际的情境。有效的教学情境可以保证教学效果良好，与教材知识联系得更为紧密，为教学目标服务，调动学生已有的知识储备，建立起连接新旧知识的桥梁，缩短已有知识和新知识之间的距离，实现知识迁移，使学生能够"在情境体验和探究的过程中生成素养、发展素养②"，以符合当前人才培养的要求。

（三）关于情境教学法存在问题的研究

情境教学法在基础教育领域的应用较为普遍，但其在应用过程中也存在诸多问题。国内学者对情境教学法应用存在的问题探讨较为丰富，这些问题也存在共性。例如，"情境创设和运用不当，课堂提问不当"③。一些教师对于情境没有合理把握，缺乏应用技巧。一些教师预设的情境与实际情境有距离，创设的情境与学生实际脱节。教师选取的素材和创设情境的方式都会影响课堂教学效果，如果教师进行教学设计时忽略学情，情境创设就会流于形式。如果大量的情境创设和过于丰富的形式让

---

① 郭秀霞.高中思想政治课堂教学中创设有效情境的价值与策略[J].西北成人教育学院学报，2016（1）：63-65.
② 俞经壮.解析高中政治课堂的情境教学法[J].课程教育研究，2018（28）：65-66.
③ 邱丽莎.高中思想政治课创设问题情境策略研究[D].桂林：广西师范大学，2020.

课堂变得徒有其表，情境创设就会出现形式化的问题。情境教学的教学理念单一且保守，对教材的挖掘和钻研不深，教学设计新意不足，对现代教学技术的应用不够充分①。保守的教学理念和单调的教学形式不利于学生核心素养的培育，不符合现代人才培养的需要。

（四）关于高中思想政治课应用情境教学法的对策研究

国内学者普遍重视情境的创设，提出了诸多优化建议。情境创设的形式非常丰富。教师创设情境时，可以使用不同的教学手段、语言描绘以及直接的身心体验方式，根据教材内容和教学目标合理选择情境素材和情境类型，使情境贴合教学主题，为课堂服务。在情境创设的过程中，教师不仅要重视学情分析，利用生动的情境引起学生的学习积极性，还要注重学科特点，尤其是要体现思想政治课程的时政性。情境创设要"走进生活、图画再现、视频熏染、辩论激活、语言描绘"②，使情境更加真实。应用情境教学法时，想要图文并茂地展现主题，创设合格的情境，就要重视现代教学工具的使用，可利用图片、影像、视频等强化教学的生动性和形象性。在情境创设要求上，要结合生活创设情境、利用多媒体创设情境、结合调查创设情境③，坚持做到"贯穿课堂、服务学生、立足全局、民主和谐"④。在高中思想政治课中应用情境教学法时，要"构建学生生活情境，调动学生积极性，巧妙运用问题情境，引导学生探究"⑤。除这些对策外，还强调重视情感，促进学生的情感体验，要真正带动学

① 琚亮.基于视域融合的情境教学[J].思想政治课教学，2015（11）：38-41.

② 奚振倩.高中思想政治课应用情境教学法的研究[D].上海：上海师范大学，2013.

③ 宋雅喜.情境教学法在高中政治课堂中的践行探研[J].科学大众（科学教育），2017（5）：3，25.

④ 雷行铭.基于核心素养的高中政治情境式教学实践研究[J].求知导刊，2020（11）：17-18.

⑤ 张新桂.情境教学法在高中政治教学中的实践及应用[J].知识文库，2018（5）：127.

生的情感，启发学生去独立思考、探究、交流，使学生成为自主学习的主人。

综上所述，国内学者的研究聚焦于情境的内涵、意义以及应用方面。另外，对于情境教学法存在的问题及解决对策的研究也较多。但是，很多研究者并没有丰富的高中思想政治课堂一线教学工作经验，对情境教学法的理论阐述研究较多，对实践研究较少。随着高中思想政治课改革的不断深入，以及新时代对人才培养要求的变化，情境教学法在高中思想政治课中的应用研究一直没有停下步伐，真正从事一线教学的教师对情境教学法的研究更应该得到重视。当然也需要教育工作者和将来从事思想政治教育的学者共同努力，用发展的眼光看待教学问题，使情境教学法更好地应用到教学中。

二、国外研究现状

国外学者对情境教学的研究成果也较为丰富，理论性十分突出，主要聚焦在以下两个方面。

（一）对情境教学内涵的研究

夸美纽斯（Johann Amos Comenius）对情境教学的认识在《大教学论》（1657）一书中有所体现，"将知识置于情境中所产生的可触感、可体验感"是非常难得的，教师向学生传授知识，并非单向语言传输，而是让学生通过感官去看到、感受到、体验到知识。学生在具体的、真实的环境中去感知和体会知识，完成知识从理论到现实的转化。通过这种直观的感受和体验，学生能更好地进行学习，感受学习的乐趣。美国著名的教育家杜威（John Dewey）是将情境教学法引入课堂的第一人，最先在教育领域中提出"情境"二字。他对情境教学有自己独特的见解，其中最为经典的论述就是他对教育与生活的关系的理解。杜威的教育理念是"教育即生活"。

他认为不能脱离生活去谈教育。实践是认识的来源。生活是学生思维的来源，学生的思维和看待世界的方式离不开实际生活，两者有不可分割的关系。杜威非常重视生活情境的创设，强调生活和课堂的联系。他表示要将生活化的案例呈现到课堂上，并还原生活场景，创设出学生乐于参与的生活性情境。这种教学理念以及对情境教学的认识，有助于促进实践和理论的结合，提高学生对生活的洞察力和感知力，培养学生在生活中的辩证思维和实践能力。

（二）对情境教学意义的研究

20世纪60年代末70年代初，著名心理学家洛扎诺夫提出了暗示教学法。该理论的核心观点是让学生在轻松、愉快、有价值的教学环境中学习，强调通过丰富的面部表情、肢体动作、语言描绘等进行教学氛围的渲染和烘托，创设出有一定情绪色彩的情境，吸引学生参与课堂活动。教师可以通过音乐、画面等辅助工具进行阅读和朗诵，突出感官效果，还可以让学生进行角色扮演，在相关的情境中掌握所学内容。

教育学家苏霍姆林斯基认为，人都希望自己可以成为一个发现者和探索者，这是隐藏在每个人内心深处的需要，对于学生来说，这种需要更加强烈。他强调自然情境的重要性，让学生回归自然，感受自然，在对自然的探索中充满好奇，从而激发学习的欲望。学生在自然中学会动手操作，在做中学，提高实践能力。这种学习方式既能丰富学生的内心世界，又能开阔学生的眼界，增强学生对美好世界的热爱，使学生能够以更全面、更开放的心态去学习和体验，提高学生对情境的感知能力。卢梭也强调自然环境的重要性。他在《爱弥儿》一书中提到自然教育，书中的主人公在自然环境中通过真实的体验去学习知识，学会的知识是牢固的，对于知识的体验是深刻的，这体现了自然环境对人的重要影响。

杜吉德认为，情境教学法的使用可以使课堂更加饱满。学生可以体验到课堂的多样性、创造性。这种体验能够促进学生的学习，使学生在丰富的学习环境中提高认知能力，从而更加全面地思考问题。他深入钻研情境教学，大力倡导情境教学方式，使广大教育工作者更加关注情境教学领域。他为丰富、发展情境教学的设计和策略做出了重大贡献。瑞士著名学者加夫列尔·梅洛维奇认为，情感氛围能够影响学生的学习效果和课堂表现，学生在学习过程中出现的情绪会影响学习效果。如果教师对这种情绪进行引导和熏陶，使它向着利于学习的方向发展，就会提高学生的学习效率。

　　国外很多学者的研究领域是基于教育学和心理学，对情境教学法的研究较为丰富。国外学者的相关研究理论性和概括性强，在理论层面对情境教学法展开相应的剖析与论述强于实践层面。国外学者对情境教学的系统阐释可以为中学阶段的教学提供借鉴，但对情境教学法的具体实施以及如何有效应用这个层面来说，实践方法的研究并不充分。

第四节　理论和现实依据

一、情境教学法的理论依据

（一）情感和认知活动相互作用的原理

　　情绪心理学研究表明，个体的情感对认知活动具有动力功能。动力功能是指情感对认知活动的增力或减力的效能，即健康的、积极的情感对认知活动起积极的发动和促进作用，消极的、不健康的情绪对认知活动起阻碍和抑制作用。情境教学法就是要在教学过程中促使学生产生积极的、健康的情感体验，直接提高学生学习的积极性，使学习活动成为学生主动进行的、快乐的事情。情境教学法要求创设的情境要使学生感到轻松愉快、心平气和、耳目一新，促进学生心理活动的展开和深入进行。在课堂教学的实践中，欢快、活泼的课堂气氛是取得优良教学效果的重要条件，学生情绪高涨和欢欣鼓舞之时往往是知识内化和深化之时。

生物学上关于人脑的科学研究表明，人的大脑功能，左右两半球既有分工，又有合作，大脑左半球掌管逻辑、理性和分析的思维，包括言语活动，大脑右半球负责情感、创造力和想象力等的活动。情境教学往往让学生先感受而后用语言表达，或边感受边促使内部语言形成。感受时，掌管形象思维的大脑右半球兴奋；表达时，掌管抽象思维的大脑左半球兴奋。这样，大脑两半球交替兴奋、抑制或同时兴奋、协同工作。这大大挖掘了大脑的潜在能量，学生可以在轻松愉快的气氛中学习。因此，从生理上讲，情境教学可以获得比传统教学明显更好的教学效果。

（二）认识的直观性原理

马克思主义哲学认为，意识是客观存在的反映。情境教学是利用反映论的原理，根据学生的主观意识对客观存在的反映进行的教学。教师创设情境就是为学生提供客观现实，依据客观现象发挥学生思维的作用。教师创设的情境都是人为有意识地创设的、优化了的，是有利于学生思考的客观环境。这种经过优化的客观情境，在教师语言的支配下，使学生置身于特定的情境中，不仅影响学生的认知心理，还促使学生的情感活动参与学习，从而引起学生自主学习。

捷克教育家夸美纽斯在《大教学论》中写道："一切知识都从感官的知觉开始。"这反映了教学过程中学生认识规律的一个重要方面，即直观可以使抽象的知识具体化、形象化，有助于学生感性知识的形成。情境教学法使学生身临其境或如临其境，就是通过为学生展示鲜明、具体、生动的形象（包括直接形象和间接形象），使学生从形象的感知达到抽象的、理性的顿悟，从而激发学生的学习情绪和学习兴趣，使学习活动成为学生主动的活动。

（三）思维科学的相似原理

相似原理反映了事物之间的同一性，是普遍性原理，也是情境教学的理论基础。形象是情境的主体，情境教学中的形象即教学需要的形象，要与生活中的形象一致，情境中的形象也应和学生的知识、经验一致。应用情境教学法，要在教学过程中引入或创设生动的场景，也就是为学生提供更多的感知对象，使学生大脑中的相似块增加，有助于学生灵感的产生，也有利于培养学生相似性思维的能力。

（四）智力因素与非智力因素

学习是一种认知过程，智力因素与非智力因素统一在其中。否则，人们常言的"晓之以理，动之以情"就失去了理论依据。教学活动由教师与学生的活动构成，师生间存在着两条交织在一起的信息交流回路：知识信息交流回路和情感信息交流回路。两者相互影响，彼此依存，从不同的侧面共同作用于整个教学过程。知识信息交流回路中的信息是课堂教学内容，信息载体是教学形式；情感信息交流回路中的信息是师生双方情绪变化的信息。无论哪一条回路发生故障，都会影响教学质量。只有两条回路都畅通无阻，教学才能取得理想的效果。

（五）建构主义理论

建构主义学习理论认为，学习者在一定的情境（社会文化背景）下，借助其他人的帮助，如师生之间、生生之间的协作、交流，利用必要的学习资料，通过意义建构的方式获得知识。在这种情境中进行学习，学习者能利用自己原有认知结构中的有关经验去同化和索引当前学习到的新知识，实现对新知识的意义建构。这表明在建构主义学习环境下，课堂教学不仅要考虑教学目标，还要考虑有利于学生建构意义的情境的创设，并把情境创设看作课堂教学的重要内容之一。

二、情境教学法的现实依据

（一）教学改革的必然要求

教学改革在传统教材编写体例的基础上，有了较大的突破。其中有一点就是编写者在编写新教材时，不仅尽量用通俗的语言表述，还大幅度增加了情境在教学中的比例。这表明创设情境是思想政治课改革的应有之义。

为了适应教学改革的要求，可采用形式多样、生动活泼的情境教学法。教师可在教学中创设较大的空间，调动学生的积极性，放飞学生的智慧，以促进他们的成长，实现他们知识、能力、情感、态度与价值观的和谐发展，全面提高他们的思想政治素质。在思想政治课堂上引入情境教学理念，是改变传统教学模式的必然要求，符合思想政治教学发展趋势。

（二）思想政治课程教学的需要

《普通高中思想政治课程标准（2017 年版 2020 年修订）》在课程实施建议中明确指出："优化案例，采用情境创设的综合性教学形式。""应力求凭借相关情境的创设，提供综合的视点，提升综合能力。"在教学实践中，教师应尊重思想政治课的特点，主动创设各种有利于充分体现思想政治学科特点、有利于学生身心发展的情境，激发学生的学习欲望。

在积极探索教学改革的过程中，以提高教学质量为核心，适应新要求，开拓新思路，探索新教法，研究新问题，努力培养学生的创新精神和实践能力，是思想政治课教学的重要任务之一。要完成教学任务，就必须调动学生学习的积极性和主动性，使学生爱学、会学。运用情境教学法正是达到这个目标的一种行之有效的途径。

（三）教师教学观念改变的需要

"授人以鱼，不如授人以渔。"在教学中，教师要最大限度地发挥学生的学习积极性，对学生在课堂上提出的各种观点，不应简单地给予对或错的结论，而要让学生自己去探索"为什么"。

新的教育理念要求教师一方面要相信学生的学习潜力，另一方面要尊重学生的人格，承认学生在学习活动中的主体地位，确立正确的教育观。首先，教师在备课时，不仅要备教材、备教法，还要"备"学生，即充分考虑学生的具体情况，有针对性地设计教案。其次，在教学过程中，教师要让学生充分参与课堂教学，注重预设与生成的关系，最大限度地发挥学生的主观能动性，以实现增强学生的创新意识、提高创新能力的目的。教师要重视学生对政治知识的获取过程，要引导学生了解政治、经济、社会规律的发现过程，使学生不仅能较好地利用所学的政治知识、经济知识和哲学知识去解释政治、经济和社会现象，还能将已掌握的科学理论运用于实践，反作用于实践。

为了适应教学改革，教师必须转变教育观念，增强课堂教学效果，促进有效教学。这就要求教师在教学中学会根据教学目标和教学内容，创设特定的教学情境，引导学生自主探究、自主学习。可以说，在教学改革的背景下，创设适当的教学情境，达成教学目标，是每一位思想政治教师必备的基本素质。

实施情境教学有其客观的现实原因，更有深刻的理论依据。在教学实践中，教师应该勇于尝试和创新这一教学方法，使其真正在现实教学中发挥作用。

三、情境教学法的重要性

（一）激发学生学习兴趣

高中思想政治课程内容抽象的、理论性的知识多。而人类认识的一般规律是由感性认识上升到理性认识，由具体到抽象。思想政治课的教学内容，没有像故事那样曲折离奇的情节，也不像影视剧那样具有生动的直观性和形象性，有的只是较多抽象的、理性的概括。那么，如何调动学生的学习积极性，激发学生的学习兴趣，提高高中思想政治课的教学质量和水平，就成了教师必须思考的问题。情境教学法是行之有效的教学方法。教师在教学中创设良好的教学情境，用可感知的情境，调动学生各种感官去积极感知，激发学生学习兴趣，进而上升到理性认识的高度，实现由生动的直观到抽象思维的飞跃，然后学生用理性认识去分析社会现象，指导社会生活。

（二）情境教学法的本质在于能够有效地促使学生积极主动地学习

学生的需要是学习的主要动力。在课堂上，学生感到有需要，就愿意学习，如果感到有迫切的需要，就能认真学、主动学，真正把"要我学"变为"我要学"。叶圣陶说过"作者胸有境，入境始与亲"（《语文教学二十韵》），这句话的主旨就是要实行情境教学。教师应遵循教材内容的内在联系，结合学生的认知需要，创设教学情境，通过典型事例、生动有趣的故事情节或提出问题，层层设疑，环环紧扣学生的心弦，时时吸引学生的注意力，不断激发学生新的学习冲动，激活他们的思维，让他们在情境中进行探究，使他们成为求知的主人，从而以高涨的情绪投入学习，提高思想政治课的教学效率。

（三）情境教学的最大意义是培养学生创新能力，实现学以致用

创设情境能激发学生的学习兴趣。浓厚的兴趣能吸引学生主动探究、学习。另外，在情境教学中，教师鼓励学生勇敢地发表个人看法，使学生成为学习的主人，有利于培养学生的创造力，这样既顺应了当前我国教育界倡导的素质教育的潮流，也能培养学生的创新精神和创新能力。

理论联系实际，是学习思想政治课的基本原则和要求。适当的教学情境就像连接书本知识和现实生活的一座天桥，使学生学会理论后用理论去指导实践，引导学生关注社会现实问题，将学到的理论知识用于分析、解决社会现实问题，培养学生求真务实的良好学风。

首先，情境教学的设计有利于学生主动地建构知识。学习不是被动地接受信息，而是理解信息、加工信息、主动建构知识的过程。这种建构过程需要新、旧经验，需要通过新、旧经验的相互作用来实现。适宜的情境可以帮助学生重温旧经验、获得新经验，可以为学生提供丰富的学习素材和信息，有利于学生体验知识的建构过程，有利于学生主动地探究、发散地思考，从而有利于学生认知能力的发展，使学习达到较高的水平。

其次，情境教学有利于发展学生的知识应用能力，使学生增长才干。适当的教学情境不仅可以为学生提供生动、丰富的学习材料，还可以为学生提供在实践中应用知识的机会，促进知识、技能与体验的联结，促进课内向课外的迁移，让学生在生动的情境和活动中理解所学的知识，了解问题的来龙去脉和前因后果，进一步认识知识的本质，灵活运用所学的知识去解决实际问题。

再次，情境教学能促进学生认知和情感的发展。认知需要情感，情感促进认知。知识总是在一定的情境中产生和发展的，具有情境性。脱离了具体的情境，认知活动的效率是低下的。适宜的情境不但可以激发学生学习的兴趣和愿望，促进学生情感的发展，而且可以不断地维持、强化和调整学生的学习动力，促使学生主动地学习、更好地认知，对教学过程起导引、定向、支持、调节和控制作用。

最后，情境教学能促进学生的个性发展。教学情境是情感环境、认知环境和行为环境等因素的综合体，好的教学情境总是有丰富和生动的内容，不仅有利于学生全面发展，也有利于学生个性的发展。

第二章　高中思想政治教学理论分析

第一节　高中思想政治的概念和课程标准

一、高中思想政治的概念

素质教育以受教育者素质全面发展为目的，促进受教育者的思想道德、科学文化、身体健康、心理健康、能力等素质的发展。高中思想政治课以培养高中生正确的世界观、人生观和价值观为导向，发挥教师和学生的积极性、主动性，通过良好的教学关系和教学活动，培养高中生良好的思想道德素质，促进学生的全面发展。

根据《普通高中思想政治课程标准（2017 年版 2020 年修订）》，高中思想政治课的总目标是"通过思想政治课程学习，学生能够具有思想政治学科核心素养"。

二、普通高中思想政治课程标准

党的十九大明确提出，要全面贯彻党的教育方针，落实立德树人根本任务，发展素质教育，推进教育公平，培养德智体美全面发展的社会主义建设者和接班人。基础教育课程承载着党的教育方针和教育思想，是国家意志在教育领域的直接体现，在立德树人中发挥着关键作用。

2003 年，教育部印发了《普通高中课程方案（实验）》。2004 年，教育部印发了《普通高中思想政治课程标准（实验）》。这两个文件为高中思想政治课程改革的实践提供了指导。高中思想政治课程坚持了正确的改革方向和先进的教育理念，建立起适合我国国情、适应时代发展要求的课程体系。然而，面对经济、科技的迅猛发展和社会生活的深刻变化，面对新时代社会主要矛盾的变化，面对新时代对提高全体国民素养和人才培养质量的新要求，面对我国高中教育基本普及的新形势，2021 年，教育部启动了普通高中课程标准修订工作。本次修订总结了 21 世纪以来我国普通高中课程改革的宝贵经验，充分借鉴国际课程改革的优秀成果，努力将普通高中课程标准修订成既符合我国实际，又具有国际视野的纲领性教育文件，构建具有中国特色的普通高中课程体系。普通高中思想政治课程标准的修订情况如下：

（一）修订工作的指导思想和基本原则

1. 指导思想

以马克思列宁主义、毛泽东思想、邓小平理论、"三个代表"重要思想、科学发展观、习近平新时代中国特色社会主义思想为指导，深入贯彻党的十八大、十九大精神，落实全国教育大会精神，全面贯彻党的教育方针，落实立德树人根本任务，发展素质教育，推进教育公平，以社会主义核心价值观统领课程改革，着力提升课程思想性、科学性、时代性、系统性、指导性，推动人才培养模式的改革创新，培养德智体美劳全面发展的社会主义建设者和接班人。

2. 基本原则

（1）坚持正确的政治方向。坚持党的领导，坚持社会主义办学方向，充分体现马克思主义的指导地位和基本立场，充分反映习近平新时代中国特色社会主义思想，有机融入坚持和发展中国特色社会主义、培育和践行社会主义核心价值观的基本内容和要求，继承和弘扬中华优秀传统文化、革命文化，发展社会主义先进文化，加强法治意识、国家安全、民族团结、生态文明和海洋权益等方面的教育，培养良好政治素质、道德品质和健全人格，使学生坚定中国特色社会主义道路自信、理论自信、制度自信和文化自信，引导学生形成正确的世界观、人生观、价值观。

（2）坚持反映时代要求。反映先进的教育思想和理念，关注信息化环境下的教学改革，关注学生个性化、多样化的学习和发展需求，促进人才培养模式的转变，着力发展学生的核心素养。根据经济社会发展新变化、科学技术进步新成果，及时更新教学内容和话语体系，反映新时代中国特色社会主义理论和建设新成就。

（3）坚持科学论证。遵循教育教学规律和学生身心发展规律，贴近学生的思想、学习、生活实际，充分反映学生的成长需要，促进每个学生主动地、生动活泼地发展。加强调查研究和测试论证，广泛听取相关领域人员的意见和建议，重大问题向权威部门、专业机构、知名专家学者咨询，求真务实，严谨认真，确保课程内容科学，表述规范。

（4）坚持继承发展。对十余年的普通高中课程改革实践进行系统梳理，总结提炼并继承已有经验和成功做法，确保课程改革的连续性。同时，发现并切实面对改革过程中存在的问题，有针对性地进行修订完善，在继承中前行，在改革中完善，使课程体系充满活力。

（二）修订的主要内容和变化

1. 关于课程方案

（1）进一步明确了普通高中教育的定位。我国普通高中教育是在义务教育基础上进一步提高国民素质、面向大众的基础教育，任务是促进学生全面而有个性地发展，为学生适应社会生活、高等教育和职业发展作准备，为学生的终身发展奠定基础。普通高中的培养目标是进一步提升学生综合素质，着力发展核心素养，使学生具有理想信念和社会责任感，具有科学文化素养和终身学习能力，具有自主发展能力和沟通合作能力。

（2）进一步优化了课程结构。一是保留原有学习科目，调整外语规划语种，在英语、日语、俄语基础上，增加德语、法语和西班牙语。二是将课程类别调整为必修课程、选择性必修课程和选修课程，在保证共同基础的前提下，为不同发展方向的学生提供有选择的课程。三是进一步明确各类课程的功能定位，与高考综合改革相衔接：必修课程根据学生全面发展需要设置，全修全考；选择性必修课程根据学生个性发展和升学考试需要设置，选修选考；选修课程由学校根据实际情况统筹规划开设，学生自主选择修习，学而不考或学而备考，其成绩为学生就业和高校招生录取提供参考。四是合理确定各类课程学分比例，在毕业总学分不变的情况下，对原必修课程学分进行重构，由必修课程学分、选择性必修课程学分组成，适当增加选修课程学分，既保证基础性，又兼顾选择性。

（3）强化了课程有效实施的制度建设。进一步明确课程实施环节的责任主体和要求，从课程标准、教材、课程规划、教学管理以及评价、资源建设等方面，对国家、省（自治区、直辖市）、学校分别提出了要求。增设"条件保障"部分，从师资队伍建设、教学设施和经费保障等方面提出具体要求。增设"管理与监督"部分，强化各级教育行政部门和学校课程实施的责任。

2. 关于学科课程标准

（1）凝练了学科核心素养。中国学生发展核心素养是党的教育方针的具体化、细化。为建立核心素养与课程教学的内在联系，充分挖掘各学科课程教学对全面贯彻党的教育方针、落实立德树人根本任务、发展素质教育的独特育人价值，各学科基于学科本质凝练了本学科的核心素养，明确了学生学习该学科课程后应达成的正确价值观、必备品格和关键能力，对知识与技能、过程与方法、情感态度与价值观三维目标进行了整合。课程标准还围绕核心素养的落实，精选、重组课程内容，明确内容要求，指导教学设计，提出考试评价和教材编写建议。

（2）更新了教学内容。进一步精选了学科内容，重视以学科大概念为核心，使课程内容结构化，以主题为引领，使课程内容情境化，促进学科核心素养的落实。结合学生年龄特点和学科特征，课程内容落实习近平新时代中国特色社会主义思想，有机融入社会主义核心价值观、中华优秀传统文化、革命文化和社会主义先进文化教育内容，努力呈现经济、政治、文化、科技、社会、生态等发展的新成就、新成果，充实培养学生社会责任感、创新精神、实践能力相关内容。

（3）研制了学业质量标准。各学科明确学生完成本学科学习任务后，学科核心素养应该达到的水平，各水平的关键表现构成评价学业质量的标准。引导教学更加关注育人目的，更加注重培养学生核心素养，更加强调提高学生综合运用知识解决实际问题的能力，帮助教师和学生把握教与学的深度和广度，为阶段性评价、学业水平考试和升学考试命题提供重要依据，促进教、学、考有机衔接，形成育人合力。

（4）增强了指导性。本着为编写教材服务、为教学服务、为考试评价服务的原则，突出课程标准的可操作性，切实加强对教材编写、教学实施、考试评价的指导。课程标准通俗易懂，逻辑更清晰，原则上每个模块或主题由"内容要求""教学提示""学业要求"组成，大部分学科增加了教学与评价案例，同时依据学业质量标准细化评价目标，增强了对教学和评价的指导性。

本次修订是深化普通高中课程改革的重要环节，直接关系育人质量的提升。普通高中课程方案和课程标准必须在教育教学实践中接受检验，不断完善。可以预期，广大教育工作者将在过去十余年改革的基础上，在丰富而生动的教育教学实践中，不断提高课程实施水平，推动普通高中课程改革不断深化，共创普通高中教育的新辉煌，为实现国家教育现代化、建设教育强国做出新贡献。

第二节　高中思想政治教学目标

一、教学目标确立的原则

（一）确立教学目标要从实际出发，全面关注，突出重点

首先，从教材的实际出发。思想政治课程教材每个模块的内容都不同，虽然内容有交叉渗透，但侧重点肯定会有所不同，教学目标要体现这些不同。其次，学生的实际不同。要考虑学生的实际特点来确定教学目标。不同年级的教学目标一定要有所差别。年级不同，学生的认知特点、知识基础等实际情况都会有所不同，教学目标的设计应符合学生的实际情况。

（二）教学目标要完整

根据思想政治课程标准的规定，思想政治课的教学目标应涵盖思想政治学科核心素养。思想政治学科核心素养主要包括政治认同、科学精神、法治意识和公共参与。教学目标要全面而完整。

（三）教学目标要明确、具体

教师在设计教学目标时，应该明确学生具体要达到什么程度、什么水平，百分之多少的学生应该达到什么样的水平。如"通过教学，让学生掌握民主决策的形式"，可以表述为"90%的学生能够说出民主决策的形式"。这样的教学目标更加具体，更具有可操作性，便于测量其达成程度。又如，在确定"多变的价格"这一节的教学目标时，把"本节教学使学生树立竞争意识，培养学生平等待人的精神"表述为"学生在课堂中能积极参与教学，态度认真，能举出正反两方面的例子说明是否平等待人"。实践证明，教学目标越具体、明确，学生对知识的掌握效果就越好。

二、高中思想政治课程教学目标设计策略

当前，培养学生的学科核心素养是深化课程改革、落实立德树人的现实要求。具体到教学目标方面，要基于学科核心素养设计教学目标。尽管广大一线高中思想政治教师在这个方面做出了许多努力和探索，也取得了宝贵的实践经验，但是仍然存在一些问题。基于学科核心素养设计高中思想政治课程教学目标，需要掌握科学、有效的方法和策略。

（一）整合素养，提升目标制定的价值

思想政治学科核心素养的每个要素都不是孤立存在的，而是一个有机的整体，彼此相互交融，相互依存。在学科核心素养框架下设计教学

目标，要用一种整体观来对待学科核心素养的四大要素。从学科角度来说，学科核心素养是学科培养人才的重要表现，是学生在学习思想政治学科后所形成的价值观、优秀品质和关键能力。教师在制定教学目标时，要深入研究学科核心素养，充分理解核心素养的内涵，对核心素养做出全面、系统的分析，并结合具体的教学内容和教学实际，制定出合理、有效的教学目标。

1.深入理解素养内涵，明确素养培养的着力点

思想政治学科核心素养是指导教与学活动的标准，是教师制定教学目标时的导向。教师要理解学科核心素养的四大要素，清楚它们的内涵、特征以及各要素之间的联系。教师可以根据思想政治学科核心素养的四大要素，提炼出明确的教学目标，为教学内容的设计、教学活动的实施等提供依据。具体而言，教师可以将学科核心素养四要素的具体要求分解成符合学段目标或者适合学生学习水平的具体目标，把一个表述笼统的内容标准拆解成多个具体、清晰的目标，或者根据内容多少分解为几节课、几框题的教学目标。

例如，《普通高中思想政治课程标准（2017年版2020年修订）》对法治意识素养有相关介绍。在设计教学目标时，教师可以根据实际的教学内容和教学资源，对课程标准的要求进行分解。

2.结合教学内容，挖掘素养培养的生长点

每堂课的教学必须有明确的目标，教师可根据教学目标确定教学重点，把握难点，分解疏导。教师在制定教学目标时，要充分关注学科核心素养的培养，以培养学生的学科核心素养为设计教学目标的根本原则。

培养学生的学科核心素养归根结底是要落实到具体的教学内容中。脱离具体的教学内容谈学科核心素养的培育，就是水中花、镜中月。要在深刻理解学科核心素养内涵、特点、要素之间联系的基础之上，结合

具体的教学内容，挖掘学科核心素养培育的孕育点、生长点。

例如，在进行"处理民族关系的原则：平等、团结、共同繁荣"一课教学时，某教师依据课程标准要求和学生的实际情况，设计了以下几个教学目标：

（1）通过相关的影音资料，了解我国民族关系的发展历史，懂得新型民族关系是各族人民共同努力的结果；通过展示自主收集的素材，说出处理民族关系的原则以及具体的做法；自主阅读、思考，拓展知识，在教师的指导下，分析、理解新型民族关系对我国和平发展的重要意义。

（2）结合自己收集的素材和教师提供的材料，归纳处理民族关系的原则在实际应用过程中的积极作用，并能够运用相关的案例阐述这一原则的重大意义。

（3）以西藏的发展为主题展开小组探究活动，结合所学知识，分析我国在处理民族关系过程中的相关措施，认同我国处理民族关系的原则，体会社会主义制度的优越性。

上述案例在挖掘教学内容的深层本质的基础之上，循序渐进地引导学生对"处理民族关系的原则"进行深入的思考和探究，提高学生自主学习、分析问题、合作、表达的能力，使学生了解处理民族关系的原则，对新型民族关系有深刻、全面的理解，以科学精神达成政治认同。在此基础上，上述案例通过具体情境，进一步提升学生对问题的分析和解决能力，从而渗透了对学生科学精神的培养。

3. 促进实践，夯实素养培养的落脚点

思想政治课堂教学内容来源于生活，从这个方面来说，思想政治课堂是生活的课堂，它的最终目的是指导学生生活。因此，在某种程度上来说，培养学生的学科核心素养的出发点和落脚点之一是实现知识与技能的迁移和运用，让学生更好地适应社会，进行社会实践。

在进行教学目标设计时，教师要跳出课堂看课堂。对学生核心素养的培养不局限在课堂之中，不局限在课本之上，更要关注学生的现实生活。尽管目前不同学者对核心素养的培养路径有各种不同的意见和声音，但是他们的观点中不乏"情境""任务""实践"等词语。教师在设计教学目标时，要注重情境的创设，让学生在具体情境、实际生活中体验解决问题的过程，从而提升学生的学科核心素养。

例如，在进行"中国经济发展进入新时代"这一课教学时，教师可以在充分考察学生身边生活的基础上，设计这样的教学目标：

（1）通过具体的实例，说明我国改革开放以来，尤其是党的十八大以来，中国经济发展取得的巨大成果和历史性成就。

（2）结合课前调查、走访的结果，阐释在当前时代背景下人民对美好生活的需要，并能够应用具体的事例说明我国当前社会主要矛盾的变化，正确理解我国社会主义发展进入了新时代。

（3）结合所学知识，联系身边的具体事例，树立远大的理想，增强为实现中华民族伟大复兴的中国梦而奋斗的责任感和使命感。

在上述教学目标中，教师不仅注重对课本内容的把握，还关注学生对现实生活和实际问题的分析、研究能力，注重把知识转化为学生分析问题、解决问题的能力，让学科核心素养真正聚焦到对能力的培养上。在此案例中，通过具体的调查、走访活动，让学生进行具体的生活实践，培养学生的政治认同、公共参与的素养。

（二）依据实际，注重目标制定的客观性

教学目标是教学活动的风向标，既规定了教师的教，也规定了学生的学。教学目标是否科学合理、切实可行，直接影响课堂教学的效果。作为教学活动有序进行的基础，教学目标并不是一成不变的。即使针对相同的教学内容，在不同的学生对象、不同的教学条件下，教学目标也应该有所差异，以适应不同的教学实际。因此，教师在制定教学目标的

过程中，要充分考虑课程标准、教学内容、学生实际等多方面因素，根据不同的教学实际，提出可行、有效的教学目标。

1. 研读课程标准，明确教学目标设计思想

课程标准是开展教学活动的依据，也是教学目标确定的依据。高中思想政治课程标准是国家对高中思想政治课程实施的要求，是教材编写、教学实施、教学评价的指导，是高中思想政治课程教学的依据和准则。从本质上来说，它是学生学习思想政治课程的基本要求，是教师进行思想政治课程教学的具体要求。因此，教师在培养学生学科核心素养的教学活动中，要以课程标准为准则。

在学科核心素养视角下设计高中思想政治教学目标，首先需要解读课程标准的内容，明确教学任务，对四大核心素养的具体要求和它们之间的联系进行深入的研究和把握。教师通过对课程标准的主题内容、行为动词、行为条件的分析来确定教学任务和思想政治学科核心素养的培养任务。

例如，解读"依法治国"课标内容，可以从以下几个步骤入手：

课标内容：列举事例，阐明法治国家、法治政府、法治社会一体建设的意义。

课标解读：该条课标的主题是"依法治国的重要意义"，包括认识法治与生活、法治与道德的关系，认识建设法治社会的重要意义。

课堂教学中围绕"列举""阐明"两个关键行为动词，可以选择案例教学法、分析归纳法等教学方法。

课程标准宏观调控着整个教学过程、时间分配，因此教师在对教学目标进行设计时，要将对课程标准的解读放在首位。教师在设置具体的教学目标时，不能简单地移植、嫁接课程标准，否则会造成教学目标与教学实际脱节，忽视学生的实际认知水平。在制定具体教学目标时，教

师应该根据课程标准的相关要求，认真解读课程标准规定的教学任务，结合实际情况，合理设计教学目标。

2. 注重教材整合，细化教学内容

教材是课程标准的具体化，是教学内容的主要载体，是教师教和学生学的主要材料。同时，教材作为培养学生学科核心素养的基础课程资源，具有其他课程资源无法替代的作用。教材中的知识和案例都是经过精心挑选、精心安排的，具有很强的基础性和系统性。因此，在制定教学目标时，教师要精心分析教材内容，领会教材的编写思路，优化教材使用，总结教材中可培养学生学科核心素养的点。在分析教材内容时，教师要依据《普通高中思想政治课程标准（2017年版2020年修订）》，找出教材中显性的学科核心素养因素，挖掘教材中隐性的学科核心素养因素。

下面以人教版"中国共产党执政：历史和人民的选择"一课为例，分析教材内容。教材分析：

"中国共产党的领导：历史和人民的选择"是人教版高中政治必修3《政治与法治》第一单元中的第一课。本框题的主要教学目标是让学生认同中国共产党的领导，认识到中国共产党的领导和执政地位是历史和人民的选择。

教材第一目首先列举了中华人民共和国成立前夕出现的三种建国方案，分析了这三种建国方案，利用历史事实证明了中国共产党执政是历史和人民的选择。第二目主要分析了自从确立中国共产党的领导和执政地位以来，中国共产党带领人民取得的巨大成就。在此基础上，第三目阐明在新时期，中国共产党要想巩固领导和执政地位，必须坚持依法执政，依法治国。学科核心素养分布：

（1）通过对中华人民共和国成立前夕三种建国方案的分析，让学生以科学精神分析问题，加强学生对中国共产党领导地位和执政地位的政治认同，拥护中国共产党的领导。

（2）列举中国共产党带领中国人民取得的历史成就，说明党的领导地位的重要性，除了培养学生对中国共产党的政治认同，还可激发学生积极投身新时代中国特色社会主义事业建设的热情。

（3）让学生理解中国共产党依法治国、依法执政的理念，培养学生法治意识的学科核心素养。

3. 立足学情分析，制定科学目标

学习的主要参与者是学生。教师在设计教学目标时，首先要考虑的就是学生的实际情况。在教学活动中，学生有各不相同的实际情况，在知识基础、能力水平、兴趣爱好、思想状况等方面都存在着较大的差异，所以在学习上的要求和期望也不尽相同。因此，教师在制定教学目标时，要充分考虑学生的现实状况，针对不同年级、不同水平的学生设定不同的教学目标。教学目标不是一成不变的，教师在制定教学目标的过程中要充分体现出目标的弹性和个性。

聚焦学科核心素养的培养，《普通高中思想政治课程标准（2017年版2020年修订）》给出了学科核心素养各个要素的具体内容。在学科核心素养框架下制定教学目标，要根据学生的情况，合理确定学科核心素养要素的培养水平，把握学科核心素养的维度，通过"逐步逼近"的过程，逐步达到培养学生学科核心素养的目标。

例如，某教师在进行"言而有信守合同"一课教学时，分析了学生的实际情况。

学生在高一阶段已经学习了有关合同的一些知识点，掌握了基本的合同制定的知识。本框题是高中政治选择性必修2《法律与生活》第三课第一框题的内容。作为一节选修课的内容，针对的是部分选修的学生。这部分学生有较好的知识储备，对思想政治课程具有一定的兴趣，乐于参加课堂的探究活动，具备一定的抽象思维能力。但是，由于学生知识

储备的局限性，他们对法律知识的认识还不够完善，缺乏将现实情境与法律知识相结合的能力。因此，在教学目标的设计上，首先要注重对学生法律基础知识的补充，其次要提高学生理论联系实际的能力。

在上述学情分析中，教师先分析了学生的知识储备情况，接着对学生的学习能力、兴趣爱好、探究能力、思维能力进行了一定的分析，最后根据学生现有的知识储备情况，分析得出学生基本法律知识比较缺乏、知识迁移的能力还比较弱的结论。针对这些情况，在制定教学目标时，教师要补充基本的法律知识，在此基础上，提高学生理论联系实际、知识迁移的能力。

（三）加强认识，提高目标分析的科学性

广大高中思想政治教师是高中思想政治课程教学目标的制定者，是落实学生高中思想政治学科核心素养培养的推动者。所以，要使学生在经过高中思想政治课程的学习之后，学科核心素养得到培养，关键是思想政治教师要具备在核心素养视角下制定科学合理的教学目标的能力。教师要想基于学科核心素养制定教学目标，全面落实学生学科核心素养的培养，提高教学目标的育人价值，就要不断地学习新方法，树立新观念，更好地促进学生学科核心素养的培养。

1. 明确、细化理念，认识学科核心素养的意义

教学思想和教学观念指导着教师的教学活动。教师作为培养学生学科核心素养的实施者、提高学生学科核心素养水平的促进者，是否理解思想政治学科核心素养培养的意图，是否理解培养学生学科核心素养的重要意义，都会影响教师培养学生学科核心素养的实践水平，影响学生的学科核心素养水平。

教育首先要回答的是培养什么人的问题。2012 年，党的十八大报告首次提出，把立德树人作为教育的根本任务，培养德智体美全面发展的

社会主义建设者和接班人。2014 年，教育部印发了《教育部关于全面深化课程改革落实立德树人根本任务的意见》，提出"研究制订学生发展核心素养体系和学业质量标准。要根据学生的成长规律和社会对人才的需求，把对学生德智体美全面发展总体要求和社会主义核心价值观的有关内容具体化、细化，深入回答'培养什么人、怎样培养人'的问题"。核心素养作为人的价值载体，是学生适应社会发展的必备素质。培养学生的学科核心素养关乎学生的成长和发展，对学生竞争力的提高、学习兴趣的提升、适应社会生活变化的能力都有重要的作用。2017 年 12 月，教育部发布了《普通高中思想政治课程标准（2017 年版）》，明确了高中思想政治学科的四大核心素养，关注对学生学科核心素养的培育，尤其是关注学生在真实情境下展现出来的对问题的分析和解决能力。《普通高中思想政治课程标准（2017 年版 2020 年修订）》于 2020 年颁布。在此要求下，教师要树立新的教学观念，深刻理解思想政治学科核心素养的内涵，认识到培养学生学科核心素养的重要意义，为学生发展学科核心素养提供有力的保证。只有这样，才能促进学生的全面发展。

2. 加强学习，提高目标制定水平

教学目标的制定是否科学合理，直接关系到学生学习成果的好坏。在学科核心素养视角下制定教学目标，最主要的教学任务是培养学生的学科核心素养。教师作为教学目标的制定者，是培养学生学科核心素养的实施者、推动者。在当前全面培养学生学科核心素养的大背景下，教师既要加强对教学目标制定的学习，也要加强对思想政治学科核心素养的学习。

第一，教师要加强理论学习。制定教学目标不是简单的教学技能，需要理论的支撑，需要广博的知识。这就要求思想政治教师首先要加强理论学习，尤其是加强教学目标的理论学习。思想政治课程是一门动态的学科课程，它的教学内容受到各种因素的影响。因此，思想政治教师要关注发生的国内、国外大事，关注教学改革的前沿，理论联系实际，不断提高制定教学目标的能力和水平。

第二，教师要加强学习并加深理解学科核心素养。教师要了解学科核心素养的各大要素，了解各要素发展的不同水平，分析各要素之间的关系，提取关键的行为动词，尤其是要分析四大核心要素与传统三维目标之间的关系，找到两者的相同点和不同点。需要注意的是，思想政治学科核心素养不同于传统的三维目标，不能直接嫁接和移植，而是传统三维目标的升华。教师只有对思想政治学科核心素养的内涵、本质、水平有了深刻的理解和把握，才能在核心素养的基础上，制定出具有价值性、育人性、科学性、前瞻性的教学目标。

3. 与时俱进，紧扣时代发展的脉搏

思想政治学科是一门"活"的学科，它的教学内容会受到各种因素的影响。教师在制定教学目标时，要关注国内、国外发生的大事，了解我国发布的各种新的政策，综合考虑各种因素，制定"动态"的教学目标。

首先，教师要关注教材内容的变化。确定教学目标的重要依据是上课所使用的教材。针对不同的教材内容，应该制定不同的教学目标。在制定教学目标时，高中思想政治教师尤其要关注新修订的教材内容，这样的内容往往是教学的重难点所在。其次，教师要关注国家的大政方针，关注国内、国际大事。在制定教学目标时，教师要充分关注教材的特点，及时补充新鲜的教学内容，选取具有时代特点的案例，制定出具有时代特色的教学目标。最后，高中思想政治教师还要及时关注教学改革的前沿，把握最新的教学方法、学科教学技巧，尤其要关注在全面培养学生学科核心素养的环境下，如何科学、高效地制定教学目标，提高制定教学目标的能力，掌握在核心素养视角下制定高中思想政治课程教学目标的有效方法。

高中思想政治课程不同于高中的其他基础课程，具有鲜明的时代特点，教材内容与时俱进，紧扣时代发展的脉搏。这就要求广大高中思想政治教师在制定教学目标时，既要"不变"，也要"变"。"不变"的是正确的指导思想、坚定的政治立场。"变"的是学生需要掌握的能力、素养。只有把握好"变"与"不变"的关系，才能制定出符合高中学生的认知水平、以培养学生的学科核心素养为纲、具有鲜明的时代特点的教学目标，真正让高中思想政治课程的教学目标"动"起来。

4. 明确要求，提高表述精确性

教学目标表述就是把已经确定好的教学目标用书面语言表述出来。教学目标表述不是随便的，而是有其自身固定的要求和方法。思想政治学科教学目标设计是否合理，不仅体现在教学目标的确定上，也体现在教学目标表述上。教学目标表述要明确、清晰、恰当、合理。教师要明确教学目标表述的要求，掌握教学目标表述的方法，要避免使用模糊、笼统的术语，多使用可观察、可检测的词语。只有这样，教学目标才能发挥它应有的作用，指导教学顺利开展，取得良好的教学成果。

（四）确定目标指向，体现学生的主体性

教学目标的主体是学生，不是教师。学习的主体也是学生。因此，教学目标的指向应该是学生。教学目标是学生通过系统学习之后所要达成的结果，它描述的是学生的行为，不是教师的行为。判断教学有没有效果，衡量的依据是学生通过学习有没有收获、有没有进步，而不是教师有没有完成教学任务。学生应该是教学目标陈述的主体，检查学生会不会，而不是检查教师做没做。如果在进行教学目标陈述时，把教师当成主体，那么只要教师做了，教学目标就完成了，至于学生有没有进步，有没有学会就不管了，这样的教学目标可以说毫无意义。因此，教师在对教学目标进行陈述时，要把学生放在主体地位，以学生为主，让学生做学习的主动者、参与者，而不是被动者。

教师在进行教学目标表述时要注意两点。一是要始终把学生放在主体位置，体现学生本位，避免使用"……使学生学会……""……使学生理解……"这样的句式，这种句式陈述的是教师行为，不是学生学习之后的状态。二是在表述教学目标时，要多使用"了解""感受""比较""说明""懂得""探究"等能体现学生主体性的行为动词，"培养""引导""指导"等明显带有教师主体意味的动词在表述教学目标时要避免使用。

例如，某教师在进行"揭开货币的神秘面纱"一课教学时，制定了下面的教学目标：

知识目标：让学生知道商品的含义、货币的本质，理解货币产生的过程。

能力目标：让学生学会自主学习、合作学习；提升对问题的发现和解决能力。

情感、态度与价值观目标：让学生对金钱有正确的认识，树立正确的金钱观。

分析上述教学目标，不难发现，三个教学目标的陈述主体都是教师，教师在设计教学目标时，关注的是自己的教学行为，而不是学生的学习行为。教学目标没有对学生学习之后的行为进行表述，只关注教师的教育意图。

（五）灵活选择术语，注重结果的可测性

教学目标是对学生学习之后的预期，不仅要具有可操作性，还要对学生的学习结果能够有所测量，具有可测量性。以往一些教师表述教学目标时，常常会用"懂得、认识"等这种表现学生心理过程的术语。尽管这些术语在一定程度上对总体把握教学目标有所帮助，但是这种具有心理色彩的词语往往缺乏一定的检测性、观察性，学生是不是真的"懂

得"、是不是真的"认识"很难通过外显的行为表现出来。教学目标是教学检测的依据，是衡量学生学习结果的依据。因此，教师在表述教学目标时，应该使教学目标清楚、明确、可行、可测。在表述过程中，教师要多使用"描述、复述、列举、说明"等可以直接观察、直接测量的外显行为动词，而不应使用"了解、理解、感受"等笼统、模糊的心理行为动词。例如，某教师在进行"民主决策：作出最佳选择"一课教学时，设计了以下教学目标：

知识目标：了解公民参与民主决策的渠道；理解公民参与民主决策的重要意义。

能力目标：提高学生小组合作、发现问题、解决问题的能力；培养学生理论联系实际的能力。

情感、态度与价值观目标：增强学生的主人翁意识，使学生热爱祖国，关心国家的前途和命运。

分析上面的教学目标不难发现，教学目标存在着不明确、不具体的问题，陈述使用的多是描述学生心理过程的动词。例如，"了解公民参与民主决策的渠道；理解公民参与民主决策的重要意义"。究竟怎样才算是"了解""理解"？如何知道学生有没有"了解""理解"？这样的教学目标不仅没有办法进行检测，而且在实际的教学过程中也很难落实。教学目标应该明确教师教什么、教到什么程度，学生学什么、学到什么程度。

（六）细化行为条件，提高表述的逻辑性

20世纪以来，教育界的许多专家、学者致力于研究如何更好地表述教学目标，出现了各种各样的教学目标表述方法。其中，具有代表性、值得提倡的表述方法是行为目标表述法。美国教育家拉尔夫·泰勒（Ralph Tyler）最早提出了行为目标的概念，但没有提出具体的行为目标

表述方法。直到 1962 年，美国学者马杰（R. F. Mager）出版了《准备教学目标》一书，他在著作中更加深入地探讨了行为目标表述的方式。随着后来专家、学者研究的深入，ABCD 教学目标表述法诞生了。

在 ABCD 模式中，一个字母代表一个要素。A 即 audience，也就是"教学对象"，即学习者，是目标陈述中的主语；B 即 behavior，就是"行为"，是学生通过学习之后，能够做什么；C 即 condition，就是"条件"，是描述学生在什么样的条件下产生行为，如"通过列举中国共产党带领人民取得的伟大成就，总结中国共产党执政地位的意义"；D 即 degree，意为"程度"，就是学生在学习之后要达到的程度。教师设计教学目标时，要使教学目标清晰、具体。细化行为条件，才能使教学目标更容易落实。

以"贯彻新发展理念 建设现代化经济体系"一课为例，对教学目标进行设计（表 2-1）。

表2-1 "贯彻新发展理念 建设现代化经济体系"教学目标设计

教学内容	原来的教学目标	基于核心素养的教学目标
贯彻新发展理念建设现代化经济体系	知识目标：理解创新、协调、绿色、开放、共享新发展理念的内涵与要求；了解现代化经济体系的内涵和要求 能力目标：组织学生阅读相关材料，提高学生总结、归纳的能力 情感、态度与价值观目标：通过本课学习，树立新发展理念，增强实现中华民族伟大复兴的使命感	（1）识记创新、协调、绿色、开放、共享新发展理念的内涵与要求，现代化经济体系的内涵和要求 （2）组织学生阅读中央一号文件，提高学生以科学精神总结、归纳的能力 （3）阅读有关中美贸易的材料，分析当前我国面临的挑战，增强使命感，树立远大理想

第三节　高中思想政治教学原则及方法

一、教学原则

（一）以人为本原则

思想政治课要培养学生的道德情操和政治文化素养，培养他们分析问题、解决问题的能力，使学生树立正确的世界观、人生观和价值观。这些能力和价值观的培养，不是思政教师的知识传递与学生被动接受就可达成的，需要思政教师在教学设计、教学方法的选择及教学实施等方面，充分尊重学生的主体地位，以学生为本，使教学建立在学生学习的基础上，结合社会实际来进行教学。

例如，在讲解《法律与生活》第七课"做个明白的劳动者"这一知识点时，可以采用讨论法，教师提出问题："若你辛辛苦苦工作一个月或几个月却得不到该有的劳动报酬，应该怎样维护自己应享的合法权益？"学生进行讨论，教师加以引导。教师应特别注意引导的一点是，不能采取不合法的方式维护自己的合法权益。最后学生在讨论中得出结论，教师进行总结并补充。

（二）生活化原则

中学生不仅是学习者，也是社会主义事业建设者和接班人。思想政治教育不仅要教会他们相关学科知识，还要培养他们成为有乐观的生活态度、有道德、有理想、有抱负的社会主义建设者。思想政治来源于生活，思想政治课的知识与社会生活息息相关。因此，该课程教学应遵循生活化原则。思政教师首先要引领学生关注生活,其次要找准教材知识与生活的结合点。

例如,在讲解《政治与法治》中公民如何参与政治生活、人大代表如何行使权利和履行义务时,教师可以将学生身边的事例作为教学材料:"大家常见本地区校门口放学时交通相当拥堵,造成校门口交通拥堵的原因有哪些?作为一名公民应如何参与其中?若你是人大代表,又该如何做?"教师以发生在学生身边的事例为教学材料,抛出问题,让学生思考、讨论。学生进行激烈的讨论,然后汇报讨论结果:造成交通拥堵的原因之一是放学时校门口车流量大,许多家长开车来接孩子放学回家,此时也正好是下班时间,很多人开车回家;原因之二是校门口有大量小商贩在摆摊,他们的小推车占据人行道,学生购买推车上的小吃,进而滞留,造成了交通拥堵。随后,学生根据问题,分别从公民和人大代表角度寻找对策,并从人大代表的权利与义务层面寻找对策。这节课的教学设计、事例的选择都遵循了生活化原则,不仅能够调动学生的积极性,也有利于培养学生分析问题和解决问题的能力。

(三)时代性原则

随着社会的发展、科学技术的进步,教学也要与时代发展相适应。高中思想政治课堂教学也应遵循时代性原则,不能仅采用传统的方式。尤其在当今信息技术不断发展的时代,思政教师要紧跟时代步伐和党的方针、政策,运用先进的教学理念,选取先进的教学方法、手段来满足学生、社会的发展需要。

例如,老师在讲解《哲学与文化》第六课的第三框题"价值的创造和实现"时,可运用多媒体教学。在本节课结束时,以歌曲《劳动最光荣》为背景音乐,教师诵读:"劳动者用手上的老茧换来田野瓜果飘香,换来钢花飞溅、滔滔煤浪。劳动者是光荣的。我相信,将来同学们无论在哪个工作岗位上，都能成为优秀的新时代劳动者。"这就达到了情感升华的目的。如此教学不仅体现了教学的时代性原则，也有利于实现情感、态度、价值观目标。

（四）时政性原则

实践是认识的基础，实践决定认识，实践的发展决定认识的发展。学生大多时间是在学校度过的，大多学习时间是在课堂中度过的，他们对党的大政方针、时政新闻、社会现象、社会对人才的要求以及国际形势等诸多方面不甚了解。培养学生的主阵地是校园的课堂，要让课堂充满活力，紧跟时代步伐，教师在课堂教学中就需要注重时政性原则。这就需要思政学科教师在教学中结合时政背景及材料，让学生对党的大政方针等有所了解，能够正确认识社会的不同现象，能够辩证地看待问题，能够使学生成为当前以及未来社会需要的人才。

例如，在2024届二轮专题复习中，应结合党的二十大报告提出的我国社会主要矛盾的变化、决胜全面建成小康社会的"三大攻坚战"等内容进行复习。"三大攻坚战"之一"精准扶贫"的专题相关知识复习可围绕是什么——目标任务、现状，为什么——为何扶，怎么办——谁来扶（主体）、如何扶（政策）三个层面来展开。将"目标任务、现状""为何扶""谁来扶""如何扶"整合于学生乐于接受的大众逻辑（是什么、为什么、怎么办）之中。同时，关于"怎么办"的部分，不仅要从"谁来扶"的主体层面分析，也要从"如何扶"的政策层面进行分析。从经济生活、政治生活、文化生活和哲学四个角度穿插相关课堂知识。

优化高中思想政治课堂教学，教师的教育理念、教学方式等都是重要因素。本部分仅从高中思想政治课堂教学应遵循的四大原则（以人为本原则、生活化原则、时代性原则、时政性原则）这一视角进行探究，但原则并非仅此四种。

二、教学方法

（一）尊重高中生的学习规律，促进学生全面发展

第一，尊重高中生的学习规律。高中生处于从以形象思维为主向以抽象思维为主的转变阶段。高中思想政治教师应通过创设具体的情境，设置有启发性的问题，循序渐进地推进学生学习，调动学生探究问题的积极性、提高解决问题的创造能力。

第二，深化对情感、态度与价值观教育重要性的认识。情感是一个人行为的驱动力，不良的行为来自不良的情感，良好、健康的情感会激发良好的行为。高中生所处的阶段正是情感培养和世界观、人生观和价值观形成的关键时期。这一时期的情感、态度与价值观教育会对学生整个人生的发展产生深远、持久的影响。如果教师能够培养学生积极、健康、有益的情感、态度与价值观，就能预防一些不好的行为，展现更多美好的行为，使学生成为文明之人。

第三，整合三维目标，促进学生全面发展。知识目标，能力目标，情感、态度与价值观目标是三位一体的。这三个目标是相互联系的，知识目标促进能力目标的达成，能力目标能够提升知识目标的层次，情感、态度与价值观目标贯穿知识目标和能力目标之中，只有积极的情感、态度与价值观才能使知识目标、能力目标具有积极的意义。教师可以立足生活，创设情境，将三维目标有机整合，并实现这些目标。生活是一个大课堂，教师可以提取时事、学生身边发生的事来创设情境，触动学生的情感，通过设计有价值的问题，培养学生的思维能力和解决问题的能力。

（二）全面提升教师素养，提升教师运用教学方法的能力

第一，全面提升教师素养。高中思想政治教师要明确人的素质是科

学素养和人文素养的辩证统一。良好的科学素养能够促进人文素养提升，加强人文素养培养能够促进科学素养提升。人的科学素养和人文素养相互促进，会使人的境界不断升华，使人成为有益于人民的人。

高中思想政治教师要怀抱对学生的真爱。真爱学生，就是让学生顺应自然规律成长，成为德智体美劳全面发展的人才。教师应该关注学生的身体、情绪、情感、意志、思想道德、科学文化等各方面的发展，让学生懂得对生命的尊重和热爱、对心理的适应和调控、对道德的追求和遵守、对科学的热爱和理性、对理想的坚定和追求、对别人的关心和友爱、对世界的关注和改善的重要性。教师应注意关心每一个学生，一视同仁，指导和帮助学生全面发展。

高中思想政治教师要养成终身学习的习惯，不断提升自己的专业知识水平，丰富教育教学的方法，打造有生命力的思想政治课堂，彰显思想政治课特有的魅力。

高中思想政治教师应提升情感表达能力、提升语言运用能力和对姿态、表情的掌控能力，在情感教育方面对学生起到示范作用。

第二，问题驱动，诱发兴趣；巧妙设问，激发创造性。

问题激发需求，需求引发兴趣。需求的激发往往跟遇到的问题和矛盾密切相关。特别是要解决自己正在面对或者快要面临的困难和问题，更容易产生强烈的愿望，去寻找解决问题的办法，这一解决问题的过程和结果，将会引发浓厚的兴趣和强烈的成就感。

例如，在"政府：国家行政机关"一课中，我们要使学生感受到政府是服务型政府，便民利民。思想政治教师可以结合"大众创业，万众创新"这一话题，设计出学生将来创业中可能会遇到的一系列问题，激发学生为了创业而寻求政府支持的需求。教师可以设计出这样的问题：为了支持"新会学宫文心"保护发展项目，大学毕业生张某想创立新会文化创意公司，开发项目之一是利用动画宣传新会历史文化，但他遇到了不少问题，涉及：①参加就业创业培训；②申请技术专利；③了解大学生税收优惠政策；④资金不足；⑤组建团队；⑥注册公司；等等。对于这些问题，他不知道找谁解决，请支招。在这一情境中，人们参加就业创业培训需要寻求社会劳动保障部门的帮助；申请技术专利需要寻求国家知识产权局的帮助；了解大学生税收优惠政策，需要找税务部门了解情况；资金不足时，可以向社会筹集资金；组建团队，要靠自己；注册公司需要找市场监督管理部门。政府成立了行政服务中心，让公民一站式办理多个部门的审批，不用跑来跑去。教师通过设计问题，创设一定的情境，激发学生解决实际问题的需求。学生在解决问题的过程中，感受到了政府为人民服务，便民利民，也明白了有的问题需要自己解决，自己要努力学习，积累经验和能力。在这一解决实际问题的过程中，学生会觉得政府的有关知识是可以活学活用的，可以帮助自己和别人解决人生中的很多问题，是非常有价值的。学生肯定会对学习思想政治越来越有兴趣，越来越有积极性、主动性。

学生学习是为了掌握更多的知识和能力，提升自己的素养，促进生存和发展。学生的知识在遇到问题和矛盾时更容易被激活，能力是在解决问题的过程中逐步得到提升的，学生的兴趣和动力也是在解决问题过程中得到强化的。通过解决问题，学生的需要得到满足，成就感被激发，为下一次解决问题做好准备。

巧妙设问，激发创造性。设置富有启发性、有价值的问题，能激发学生探究事物的兴趣，激发学生解决问题的创造性。例如，针对政府有关文化建设职能方面的材料，直接提问：这体现了政府的什么职能？很多学生能准确地回答出来。但是，这种问题过于简单、直接，没有启发性和思考性。教师可设计两个问题：①反思中国发生的食品安全问题，罚款、查封等解决不了根本的问题。请你谈谈，公民自身缺失什么？②政府如何帮助公民改变？这种层层递进的问题触碰了学生内心真实的想法，他们可以表达的内容很多。他们会关注到公民素养。最终教师可以把学生的想法和需要跟政府的文化建设职能联系起来，让他们真正感受到政府确实能够解决人民群众真正需要解决的问题，从而增强学生对政府的信任和拥护。

教师设计的问题应有一定的梯度，由浅入深。关于政府组织经济建设的职能可以设置两个问题：①播放有关视频，引发学生对"面对时有发生的食品安全问题，你认为政府该做什么"的思考。学生分组讨论，用关键词写下观点。教师抽查学生展示讨论结果。教师通过学生的观点进行点拨，得出政府具有市场监管的职能。②展示有关海外爆买的材料，引发学生思考：你认为应如何留住万亿元"流动的钱包"？学生分组讨论，用关键词写下观点。教师抽查学生展示讨论结果。教师通过学生的观点进行点拨，得出政府具有宏观调控的职能。

（三）突破主观题的学习方法，提高学习效率

答好主观题，需要很多准备，其中，审题和抓关键词至关重要，而且要下一番功夫。

审题是很重要的。教师应引导学生审题，要注意遵循以下步骤：

第一，审设问。例如，定知识范围：宏观（经济生活、政治生活、文化生活、生活与哲学）、中观（单元标题之类的）、微观（例如物质和意识的辩证关系）。定主体：经济生活的主体有国家（政府）、企业、消费者和劳动者；政治生活的主体有国家、公民、政府、人大常委会、人大代表、中国共产党、各民主党派、政协、国际组织等；文化生活的主体有国家、企业、个人等。定方向：是什么、为什么、怎么做。

第二，审材料：抓中心，抓关键词。例如，"科技"是一个很重要的关键词。在不同的材料情境中，它的指向是不同的。当强调的是奖励科技人员、开展科研、促进科研成果转化，科技可以跟生产要素按贡献参

与分配的制度及其意义相联系；当强调科技正在创造新产业、新业态时，科技就指向了优化产业结构、推进供给侧结构性改革、转变经济发展方式的意义；当强调科技使中国成为世界主要人工智能创新中心时，科技就指向了增强创新驱动发展新动力的意义。"科技"这一关键词可跟很多知识点相联系，可以跟生产、交换、分配、消费等环节相联系，因而科技具体指向什么，要看具体的情境。

　　《政治与法治》的材料是千变万化的，但是有一些关键词是比较常见的。关键词的积累就像记住了熟悉的人一样，在千变万化的场景中容易辨认。一些学生觉得《政治与法治》的主观题很难，得分率低，成绩不理想，缺乏学习的兴趣。这是因为这些学生没有积累《政治与法治》解题中的一些关键词，没有找到解题的切入点。《政治与法治》中的关键词，就是该课本或者题目材料中比较常见且有特定意义的词语。主体关键词："中共中央""省委""市委""党部"指向中国共产党，"检察院""法院"等指向司法机关，"监察委员会"指向监察机关，"群众""村民"指向公民。行为类关键词：关于中国共产党，"党通过法定程序"指向依法执政、依法治国，"党通过……决定"指向党的领导，"从严治党"指向党的建设，"党动员群众/解决群众问题"指向党与人民群众关系的有关知识；关于全国人大常委会，"通过/修改法"指向立法权、依法治国，"听取一府两院工作报告""执法检查"指向监督权，"合理划分中央和地方的职权"指向民主集中制；关于人大代表，"密切联系群众"指向人大代表的职责；关于政府，"取消不合法的行政事业性收费"指向政府依法行政，"取消和下放行政审批"指向政府转变职能、简政放权、建设服务型政府，"征求意见"指向政府科学、民主决策，"发展教育"指向政府文化建设职能，"加强公共基础设施建设"指向政府社会建设职能，"政务公开"指向政府接受监督。国际关系类关键词："合作""构建人类命运共同体"指向不同国家的共同利益的知识点、时代主题、我国的外交政策,"贸易摩擦"指向不同国家利益的对立。名词类关键词:"社会听证制度"指向民主决策,"信访制度"指向民主监督,"村民委员会/居民委员会"指向基层民主自治,"民族自治权"指向民族区域自治制度。

第三,处理好理论知识和分析材料的关系。

材料非常重要,但并不是要抛弃课本知识。课本知识和生活常识都是基础,表现出普遍性,而材料是特殊性的体现。要针对材料联系理论知识,也要利用理论知识富有逻辑性地分析材料,将两者有机结合。做到课本知识万变不离其宗,联系课本的理论知识分析材料,回答问题具体、有话、不老旧。而有部分学生要么只回答理论知识,要么只概括材料,这些都是要反对的错误做法。

总而言之,量变达到一定程度才能引起质变,备考的过程其实是考验学生是否能坚持多思考、多积累、多总结,磨炼出坚强的意志和锲而不舍的精神的过程。成绩在一定程度上能反映出学生这种精神,这种精神是学生一生都需要的。

(四)构建平等、和谐的师生关系,营造民主、互动的教学氛围

学生作为学的主体,教师作为教的主体,两者是平等、和谐的。教育教学的过程,不是教师用权威去控制学生,也不是学生完全脱离教师,放任自流。要体现教学相长的原则,教师在教育教学中要把学生作为学的主体和自己作为教的主体紧密联系在一起,促进学生的发展。

一方面,要发挥学生在学方面的主体作用。为了提高学生的整体素质,培养适应当代社会的创造性人才,要发挥学生的积极性和主动性。教师要树立以学生为本的观点,要发挥学生在教育教学中学习、体验、实践的主体作用。教师要发动学生积极参与课堂活动,主动发现问题,对问题有自己的思考和看法。

另一方面，要发挥教师在教方面的主体作用。在新教学理念下，在大多数课中，教师要给学生活动的时间，但教师的引导作用也是不可或缺的。教师在教学过程中，要给学生更多参与课堂活动的时间，给他们思考、讨论、辩论、提问的机会，也要注意点拨、引导学生。

　　笔者给学生上过一堂综合探究课，该课主题是"正确对待金钱"。这节课能将学生作为学的主体和教师作为教的主体和谐统一在一起，促进学生形成对待金钱的正确的情感、态度与价值观。

　　在上这堂课之前，笔者先让学生利用周六、周日的时间在微信或者QQ上讨论话题：金钱是什么？是天使？是魔鬼？学生对这些问题进行思考，找材料去分析、论证、讨论。笔者把学生的观点分类，用课件把学生的观点罗列出来。全班的观点有四种：①金钱是魔鬼；②金钱是天使；③金钱既是魔鬼，又是天使；④金钱既不是魔鬼，又不是天使。在课堂上，学生进行了一些辩论。辩论的焦点是观点③和观点④。当学生辩论得差不多的时候，笔者来引导他们。笔者说："赞同观点③的同学看到了金钱对人们的影响和作用。当人们对金钱使用不当，受到金钱驱使的时候，它就变成了魔鬼；当人们懂得怎样正确对待金钱，把金钱用于有利于人们之处时，它就变成了天使。而赞成观点④的同学看到了金钱本身的性质没有魔鬼和天使之分。其实我们应该向赞成观点④的同学学习，因为他们正确地看到了金钱的本质，金钱本身并没有魔鬼和天使之分，它的本质是一般等价物。"问题到这里好像告一段落了，可是有学生提出了疑惑：既然金钱的本质是一般等价物，为什么在生活当中，很多人认为"金钱不是万能的，但没有金钱是万万不能的"呢？学生能够提出问题，说明他真正思考了问题。笔者先表扬了这个学生，因为他能够从生活中提出问题。这个问题笔者没有直接给出答案，而是交由学生去讨论。很多学生同意"金钱不是万能的"，他们举了很多例子：金钱能买到食物，不能买到食欲；金钱能买到书籍，不能买到智慧；金钱能买到药物，不能买到健康；金钱能买到玫瑰花，不能买到爱情；等等。很多学生也同意"没有金钱是万万不能的"，他们说："在现代社会里，没有金钱，人怎么活下去呢？"笔者给学生提出另一个问题：在金钱产生之前，人类的祖先猿人有没有活下来？答案不言而喻。接下来，笔者引导学生应站在历史的长河里去思考问题，而不局限在狭隘的视野里："从货币的产生看，在货币产生之前，人类照样能够生存下来；货币只是后来适应商品交换的需要，成为一种中介，成为一种商品交换的工具。大家想想货币在未来社会会不会消失呢？"这个问题留给学生去思考。这就说明"没有金钱是万万不能的"是不科学的。笔者让学生去想自己身边的现实："我们是不是有很多钱？"学生一般认为自己的钱没多少。笔者说："没有很多钱，大家要怎么做呢？"学生都认为要珍惜和节省手中的钱，并在将来努力挣钱。笔者接着问："如果有一天，我们很有钱了，我们是不是就奢侈、浪费呢？"学生都认为，要好好利用钱来满足自己的愿望和需要，并且要帮助他人，做有意义的事情。于是笔者把学生的这些观点概括为"我们要正确认识金钱的本质，它只是一般等价物。我们要取之有道，用之有益，用之有度"。教师要注意适时引导学生，要让学生从自己的实际出发去分析、解决生活中的问题，提升自己对生活的认识。

在这堂课里，笔者得到如下体会：教师要教出能提出问题的学生，这才算是教学的成功。教师不要把所有的结论都急于塞给学生，要让学生通过查找资料，通过微信、微博、QQ 等途径去和别人交流和讨论，还要针对思维的碰撞提出自己的问题，有所启发，有所收获。高质量的教育教学必定是学生作为学的主体和教师作为教的主体和谐统一的教学。

在高中思想政治课中，教师要尊重学生的主体性、独特性，把教师教的主导作用和学生学的主体作用调动起来，在政治认同、科学精神、法治意识、公共参与等方面的相互促进中，推动学生的全面发展，使学生实现自我完善和自我超越。

（五）利用好教学资源，增强课堂魅力

第一，围绕社会主义核心价值观的要求，精心选取和课本知识有关，并适合对学生进行情感、态度与价值观教育的有价值的资源。如在《经济与社会》第二课中讲授"健全统一的社会信用制度"这一知识点时，我们可以分享以下案例："共享雨伞"背后的诚信经济学。某市地铁站出现了一批"共享雨伞"，扫码支付押金10元即可使用，24小时内归还可退押金。运营初期，雨伞回收率超过90%；但一个月后，回收率骤降至30%，大量雨伞被据为己有。企业亏损严重，最终撤出该市。通过这一例子我们可以让学生谈谈如何践行诚信原则，从而引导他们把握正确的情感、态度与价值观。资源的选取，宜采用那些具有时代性的、生活化的、有教育意义的例子。

第二，用好时政，增添课堂魅力。例如，在"我国外交政策的基本目标和宗旨"一课中，笔者播放了《全方位外交助圆中国梦：大国外交——和平发展之路》的视频，学生能够直观地感受到我国和其他国家关系的发展，我国走和平发展道路。学生能够感受到我国在外交上取得的巨大成就，提升了对"我国为什么会取得如此辉煌的外交成就"这一问题探求的兴趣。这样也增强了学生的自信和自豪感，使他们更加热爱我们的国家。

第三，挖掘学校能有效对接思想政治学科进行情感、态度与价值观教育的资源。如笔者所在学校的风采堂和新会书院，可以激发学生对优秀传统文化的热爱、珍惜和保护。学校犀山烈士纪念碑能唤起学生对中华民族精神的传承和发展。梁启超铜像激励着学生爱国爱校，奋发进取。陈国达院士铜像彰显着"今日我以母校为荣，明天母校以我为荣"的自豪、自信。黄克兢博士教育楼彰显着香港同胞热心家乡教育和各项公益事业的爱国精神。校庆期间，学校会展出近年来许多优秀学子的图片，配以他们留给师弟、师妹的话语，这是对勤学进取的赞歌，是对美好未来的昭示。高三学子的跑操和宣誓活动，是磨炼意志、永不放弃的激情赞咏。"五四"文艺会演是学生青春张扬、活力四射、创造力迸发的平台。

第四，利用好五邑地区的本土资源。陈白沙思想、梁启超思想、开平碉楼、新会陈皮文化、小鸟天堂、崖门炮台等资源，都值得去研究，有利于促进学生的情感、态度与价值观目标实现。

（六）完善评价机制，增强激励动力

第一，评价教师。除了成绩外，应加上学生对教师的评价，从衡量教师受学生欢迎的程度，还应加上家长对教师的评价。成绩和其他方面的评价都要占合理比重。不能只考虑成绩。

第二，评价学生。要从学生平时的待人接物，参加课堂、课外活动，参加社会实践活动、志愿者服务活动、义工服务活动等的态度、兴趣、积极性等方面进行评价。例如，在思想政治学科教学中，教师曾经组织过一次模拟法庭活动，得到了烟台市中级人民法院的大力支持。学生踊跃报名。经过筛选，一批表现突出的学生参与了这次实践活动，并得到法院工作人员的肯定。不过，由于没有相关的稳定机制，这种活动只组织了一次。教师还组织学生在假期参加清扫校园的义工活动，不少学生主动参加。针对学生参加活动的积极性和表现，我们可以进行情感、态度与价值观的评价。评价可以采用学生互评、教师评学生、家长评学生等方式。评价可以一次一评、一周一评、一月多评等。

第三，备考过程和考试成绩可以反映师生共同努力的过程和效果，也是不可缺少的评价内容。

情感、态度与价值观教育不能脱离知识教育。马克思关注人的全面发展，促进自我实现。人的全面发展包括知识、能力、情感等多个方面。

知识、能力、情感等多个方面的发展往往是交织在一起的，并且相互促进。教师不能只重视知识教育，而忽略了学生其他方面的发展；也不能只强调情感、态度与价值观教育，而忽视知识教育。情感教育应融入知识教育、能力教育之中。高中生要追求知识，同时要发展能力、培养情感，这样才能成为全面发展的人。

考出好成绩是实现自我完善的手段。但是片面强调分数，只会导致重结果、轻过程，重形式、轻内涵，重竞争、轻合作，重功利、轻情感。这不利于人的自我完善和发展。高中思想政治课的课堂教学和考试只不过是为人的全面发展服务的手段，教师要注重过程、内涵、竞争与合作、情感、态度等，从而达到使学生自我完善的目的。备考和考试是服务于情感、态度与价值观教育的。思想政治备考的过程能达成情感、态度与价值观目标。备考可以培养学生乐于学习，努力奋斗，不畏困难，善于总结、发现、创造的精神。人生不是一帆风顺的，可能会遇到挫折和困难。备考的过程是青年人面对困难、挑战，磨炼意志，迎接美好人生的重要过程。高考试题也能考查情感态度与价值观。近年来，广东的高考采用了全国卷，试题中有开放性问题，也体现了对情感、态度与价值观目标的考核和要求。例如，往年全国文综政治卷 I 第 39 题第（1）问：结合材料，运用价值观的知识，对否认英雄的错误言论加以批驳。（12分）这一问考核了学生要树立正确的价值观，尊重历史，坚持真理。第（3）问：班级召开"我为英雄点个赞"主题班会，请就如何学习英雄列出发言要点。（两条，每条 10～30 个字）（4分）这一问考核了学生向英雄学习，为人民、为社会做贡献。往年全国文综卷 I 第 40 题第（3）问：请就学校如何开展中华优秀文化教育提两条建议。（4分）这一问考核学生关注和传承中华优秀文化。另外，答案有一定的开放性，不再固守课本现成的知识点，这是取得进步的地方，有利于促进学生的灵活性、创造性、创新性提升。

第三章　高中思想政治课堂教学策略

第一节　高中思想政治课堂导入策略

一、强化理论学习，提高专业素养

社会的发展和课程改革的不断推进，对当今教师专业素养提出了更高的要求。这就需要教师树立终身学习的理念，不断提升自己的专业素养。专业素养得到提高，教师才能更好地提升自己的教学技能，不断提高教育教学质量。教师是课堂的组织者和管理者，是教学过程的主导者，从课堂导入到课堂结语，每个环节都需要教师精心设计。要设计好这些环节，教师就需要具备较高的专业素养。一线教师要时刻提醒自己不断地进行理论学习和研究，紧跟时代的步伐。教师只有不断地进行理论学习和研究，才能切实提高自身的专业思想水平、专业知识水平、专业能力以及实施素质教育的能力。根据新时代对人才素质提出的新要求，教师要具备的素质有这几点：第一，教师要摒弃传统的培养人才的观念，树立注重培养创新型人才的观念；第二，教师要勇于尝试新的教学模式，接受新的教学理念；第三，改变以往教师高高在上的形象，和学生做朋友，建立新型师生关系；第四，树立终身学习的理念，加强理论学习和专业技能训练，在教学过程中做到教学相长，不断提升自己的执教水平和能力。在教育教学中，教师的专业素养是逐渐提升的。教师只有经过一定的学习与积累，才能达到较高的专业素质水准。理论指导实践，在教学之余，教师应该加强专业理论学习，多阅读一些相关专业的书籍和报刊，了解当前教育新理念；认真学习课程改革的具体内容，把握课程改革的精髓，并将其运用到实际的教学工作中去。新时代的思想政治教师，应不断学习，从而提升自己的专业思想、专业知识和专业能力水平，具有较高的专业素养。具有较高专业素养的教师才能培养出新时代的高素质人才。

二、结合教学实践，加强导入理论研究

想要让课堂导入的作用得到有效发挥，只靠理论研究是行不通的，对课堂导入的研究一定要结合教学实践。只有结合教学实践对课堂导入进行理论研究，才能更好地掌握思想政治课堂导入的设计和运用技巧。

随着课程改革的实施，教师越来越重视课堂导入在思想政治课中的作用。关于课堂导入的方法和作用，每位教师都能列出三五条。但是课堂导入不能流于形式，应结合教学实践。如果在课堂教学中一味地生搬硬套导入方法，不结合教学实践，就不能提高教学质量。结合教学实践研究课堂导入，要明白以下几个问题：

第一，熟练掌握各种教学导入方法、作用、原则等。理论是实践的先导。熟悉导入的基本理论，是研究课堂导入的前提，基于此，教师才能根据教材和学生的特点选择合适的导入方法。

第二，认真研究教材，并考虑学生特点。只有对教材把握透彻，了解学生特点，才能有针对性地设计出合适的课堂导入。

第三，认真做好课后反思。在课堂教学中，思想政治教师要把实施课堂导入过程中出现的问题或闪光点记录下来，认真分析这些问题或闪光点产生的原因。这样，教师通过研究，不仅可以提升自身导入的能力，还能激发学生学习兴趣，提升教学质量。

总的来说，教师执教能力的提升离不开对教育理论的研究，教师由"教书匠"转变为"教育专家"也离不开对教育理论的研究，想要提升教学质量，更要对教育理论进行充分研究。

三、掌握科学方法，选择恰当的导入方式

好的开头是成功的一半。在课堂教学中，课堂导入的成败对整个课堂教学有很大的影响。一堂成功的高中思想政治课，需要新颖别致，还要具有启发性的课堂导入。教师在课堂导入设计中要把握不同的导入方法，并加以灵活运用。

（一）以旧知识引出新知识

知识与知识之间是有一定内在联系的。学生是在已经理解的旧知识的基础上学习新知识的。因此，教师可以引导学生复习一些与新知识有关的旧知识，以此为导线，导入新课，从而实现温故而知新。这样，学生能更迅速、全面地理解新知识。学生学习新知识的实质是在理解旧知识的基础之上，对旧知识进行延伸，掌握新的知识点。因此，教师在教授新知识之前，可通过复习与新知识有关的内容，使学生不知不觉地进入新知识的学习中。这种教学导入的方法比较简单。以这种方法导入，有利于学生巩固已学知识，将新旧知识联系起来，构建知识体系，有利于教师循序渐进地展开教学。

例如，在讲解《经济与社会》第二单元综合探究"践行社会责任　促进社会进步"时，教师可以这样导入：

教师："在上一节课的学习中，我们了解了几种消费心理。哪位同学能回顾一下影响人们消费的几种心理？"

学生："从众心理、求异心理、攀比心理、求实心理。"

教师："回答得很全面。哪位同学能够再具体解释一下？"

学生 A："从众心理消费具有跟风、随大流的特点。具有跟风和随大流心理的人在消费时不考虑自己是否需要这种商品，盲目跟风的消费行为是不可取的。"

学生 B："具有求异心理的消费者往往追求与众不同的效果。过分追求与众不同也是不值得提倡的。"

学生 C："具有攀比心理的消费者在消费时处处攀比，例如向名牌看齐。这种消费心理是不健康的。"

学生 D："求实心理是指消费者在消费时讲究实惠，根据自己的需要来选择商品，这种消费是一种理智的消费。"

教师小结："生活方式的变化使人们的消费观念也发生了变化，并形成了多种消费观念。在进行消费时，做一名理智的消费者才是正确的选择（板书课题：做理智的消费者）。那么，做一名理智的消费者应该遵循什么样的原则呢？这节课我们来学习'做理智的消费者'。"

以旧知识点导入新的知识点，要注意两点：第一，选准旧知识，把握新旧知识点的联结点。通过回顾旧知识导入新课，要选择与新知识有内在关联的旧知识，只有这样，才能使学生温习旧知识，对新知识产生学习热情。第二，搭建旧知识通往新知识的桥梁，铺设旧知识通向新知识的道路。以新旧知识的联系为基点设计教学导入，就要关注新旧知识的联系，以旧知识引出新知识。

（二）实例导入法

一般来说，书本知识对学生来说比较抽象和概括。教师如果在授课中结合生活实例导入新课，就可以充分激发学生学习的兴趣。在学生的生活中，有很多生活例子包含着丰富的生活哲理。教师若能以趣事导入新课，则可以大大激发学生的学习兴趣，从而使学生达到良好的学习状态，并唤起学生潜在的有意注意。以案例分析来设计教学导入，关键是案例的选择。教师在备课中选择案例，必须精挑细选，还要遵循科学性、典型性、启发性、时代性、趣味性等原则。

例如，在讲解《法律与生活》第七课"做个明白的劳动者"时，教师可以这样导入：

教师："（出示案例）李师傅自从失业之后，一直拿着微薄的救济金找工作。许多热心人给他介绍工作。但他不是嫌累、嫌工资少，就是嫌与他的适用面很窄的技术不对口，因此一直没找到工作。请同学们思考两个问题：第一，人们为什么要就业？第二，李师傅找不到工作的原因是什么？"

学生："有了工作，才能挣钱、生活，同时使人生价值得到体现。"

教师："说得很好，就业是民生之本，对整个社会生产和发展具有很重要的意义。劳动者通过自身的脑力劳动或体力劳动取得劳动报酬，获得生活物质基础，还可以实现自身的社会价值，为社会和国家做出自己的贡献。"

教师："大家这么热心地帮李师傅找工作，为什么他还找不到工作呢？"

学生："他不能从自己的实际出发，不思进取，不愿意脚踏实地地工作。"

教师："这位同学回答得非常好，李师傅之所以找不到工作，是因为他不从自己的实际出发，不思进取，还不愿意脚踏实地地工作。李师傅需要树立正确的择业观。"

教师过渡:"那么请同学们思考,你认为什么样的择业观才是正确的呢?"

又如,在讲解必修2《经济与社会》第二课第二框题"更好发挥政府作用"时,教师可以这样导入新课:

教师:"(出示案例)地铁是城市重要的交通工具,具有安全、舒适、方便快捷的特点,是缓解地表交通拥堵的重要手段。但地铁的建设需要大量资金投入,并且成本回收的周期较长,所以很多城市望'铁'兴叹。同学们,如果仅仅依靠个人出资能够兴建地铁吗?"

学生:"不能,兴建地铁需要大量的经费,个人没有这样的经济实力去兴建地铁。"

教师:"是的,兴建地铁需要花费很多的钱。那么,你认为修建地铁该由谁来承担呢?"

学生:"国家。"

教师:"你还知道哪些服务是国家提供的?"

教师:"(导入新课)在现实生活中,我们几乎能处处感受到政府为我们提供的各种服务。政府为民众提供各种服务需要大量的社会财富,换句话说也就是需要财政。那么,什么叫财政?财政有什么作用呢?这节课我们来一起探讨这些问题。"

(三)设疑导入法

思维永远能够从问题开启。教学过程就是不断地提出问题并解决这些问题的一种活动。古人云:"学起于思,思源于疑。"疑是学习的起点,有疑才有问、有思,才有所得。在进行思想政治课教学时,教师可以根据学生的认知水平,提出各式各样的富有启发性的问题,激发学生的思考,导入新课的内容,激起学生对新知识的学习兴趣。在课堂之初设计耐人寻味、富有挑战性的问题，可以激发学生的好奇心和求知欲，引起学生回忆、联想、思考，从而使学生产生学习和探究的欲望，这是教学导入设计中常常运用的方法。

课堂导入中问题的设置十分讲究，通常来讲，要注意以下几点：

第一，设疑要和教材内容相关。教师所设问题要和教材内容有关联。教师不能只追求课堂活跃而问一些与知识点相差甚远的问题。

第二，恰当把握所设疑问的难度。所设疑问要有一定的难度，使学生处于暂时的困惑之中。如果所设疑问是人人皆知的问题，就不能激起学生的好奇心和求知欲，这样的设疑注定是失败的。

第三，教师要善于引导。设置疑问的目的是引起学生对新知识的学习热情，以此激发学生的思维，使学生的思维得到启发。因此，教师必须掌握一些提问的技巧，并善于引导学生，培养学生的思考能力、解决问题的能力。

（四）情境导入法

情境导入法是指教师根据教材的内容、学生的已有知识和生活经验，利用语言、活动、实验、游戏等方式，在上课之初为学生营造出与所要讲授的内容相符合的情境，以吸引学生的注意力，激发学生的兴趣，使学生置身于特定的情境之中，引起学生心理共鸣，从而帮助学生理解目标知识。需要注意的是，教师在运用此种导入方法时要把握好度。课堂导入是为整个课堂服务的，其目的是吸引学生的眼球，激发学生学习欲望，使学生在愉悦的气氛里掌握新知识。教师在运用情境导入法时应当注意以下几个方面：

首先，创设情境要紧扣教学内容。教师在选择用情境导入法时，所选的材料一定要紧扣本节课所要讲授的内容。情境紧扣教学内容，才能真正发挥课堂导入服务课堂教学的作用。

其次，情境要贴近学生生活。教师创设的情境不能是离学生生活较远、较陌生的情境，要贴近学生的生活。贴近学生生活的情境比较容易引起学生的共鸣，感染力较强，可使学生在潜移默化中受到教育。

最后，教师要善于诱导。教师创设情境的目的之一是给学生一定的提示或启发，但是有时学生联想不到或思维受限，这时教师要加强引导和启发。

四、坚持以人为本，完善导入评价标准

第一，让学生参与课堂导入评价。新教学理念倡导评价主体多元化，倡导学生参与教学评价。学生评价可以从学生独特的角度发现教师外在的特征，从学生的角度对教师导入的方式方法进行评价，并提出意见和想法，使教师调整自己的教学行为，使课堂导入的作用得到充分发挥。第二，平衡课堂导入的评价标准。一方面，课堂导入要具有趣味性，兴趣是最好的老师。另一方面，课堂教学作为一种教学模式，以传授知识为主，课堂导入也是为了传授新的知识。在进行课堂导入评价时，只注重趣味性或只注重知识性都是不可取的。既要关注导入的趣味性，也要关注导入的知识性、新颖性和启发性等。第三，把对导入的评价作为整个教学评价的重点之一。课堂导入可以使接下来的教学顺利进行，也是课堂教学成功的一个关键点，因此在教学评价中应作为一个重点来进行评价。

第二节　高中思想政治课堂传授策略

一、运用案例教学法

案例教学法是围绕教学目标，将真实问题典型化处理，形成案例，引导学生对案例进行独立研究和讨论，激发学生主动参与学习活动的兴趣和热情，提高学生分析问题和解决问题能力的教学方法。案例教学法的具体运用没有固定模式，广大教师在教学实践中进行了多样的探索。一般而言，在高中思想政治课堂教学中，案例教学大体要经过案例的选择、案例的呈现、案例的分析与讨论、总结与评价等几个阶段。

（一）案例的选择

案例教学以案例为核心，所以案例的选择是关键，是进行案例教学的前提。只有选择和课堂内容契合度较高的案例，才能起到良好的辅助教学的作用。通常来讲，高中思想政治课堂教学案例的选择要坚持以下基本原则。

（1）把握方向，坚持思想性。高中思想政治课是德育性质的课程，教学案例的选择要符合"以科学的理论武装人，以正确的舆论引导人，以高尚的精神塑造人，以优秀的作品鼓舞人"（《中共中央关于加强社会主义精神文明建设若干重要问题的决议》）的基本精神，适应社会发展的需要，坚持正确的政治方向，传递社会正能量，能够对学生起到思想教育的作用。教师切忌为了吸引学生的眼球而捏造案例，或者选用庸俗、极端、腐朽的素材，因为这样的素材会误导学生，使学生对当前社会发展状况形成歪曲的看法，阻碍学生的健康成长，不利于学生正确的世界观、人生观、价值观的形成，也不利于传递社会正能量。

（2）针对内容，强调典型性。案例教学要引导学生通过案例分析来把握学科的相关知识和道理。因此，案例提供的信息和资料要直接体现相关的学科知识和道理。案例只有典型，才能集中地反映和揭示事物的本质，学生才能通过对案例的分析，把握其中蕴含的道理，达成学习目标。

（3）贴近生活，注重趣味性。教师在教学案例的选取方面应面向丰富多彩的社会生活，利用学生已有的生活经验，注重案例的趣味性，使思想政治课的相关知识和道理由枯燥变生动、由抽象变形象，从而开启学生思维的闸门，点燃学生智慧的火花，使学生快速进入探究、讨论、学习状态，积极地参与课堂教学。

（4）实事求是，体现真实性。所谓真实性，是指教学案例应该反映事物的本来面目，不能凭空想象和杜撰，也不能随意取舍或歪曲事实。案例只有真实才可信，才具有说服力，才能达到案例教学的良好效果。

（5）寓意深刻，具有可探究性。选取的案例寓意越深刻，就越能给学生留下广阔的思维空间，越能让学生产生情境共鸣，教学效果就越好。如果教学案例过于简单、肤浅，缺乏思维含量，就丧失了案例教学的现实意义。

（二）案例的呈现

案例呈现是案例教学的重中之重。在精选案例的基础上，教师要根据案例的特点和教学需要，采用适当的方式把案例呈现给学生。案例呈现方式多种多样，比较常见的呈现方式有口头描述、文本呈现、活动表演、多媒体再现等。

1. 口头描述案例

一般较为简短的案例运用此方式来呈现。如果口头描述过长，就会导致学生听觉疲劳，不利于案例作用的发挥。

2. 文本呈现案例

文本呈现案例就是教师将事先准备好的案例，以文字材料的方式发给学生，供学生阅读、分析。这是比较简单的呈现方式，只需要将案例的文字材料发给每个学生或每个讨论小组就行。

3. 活动表演案例

将精选的案例以小品表演、角色扮演等活动形式展示出来，事实上是对社会生活情境的模拟。例如，某教师在进行"消费心理面面观"教学时，组织学生模拟表演一家三代到商场购物的场景。学生的主观情绪会被充分调动起来，课堂气氛更加活跃。在活跃起来的课堂中，学生更容易记忆和掌握知识。活动表演案例直接让学生参与案例教学，深受学生喜爱，不仅能够展示学生的才华，培养学生的合作精神，还能使学生在亲身体验后获得更好的学习效果。

4. 多媒体再现案例

多媒体再现案例，就是教师借助多媒体技术和设备，把案例包含的各个方面的信息全面、逼真地呈现给学生。例如，某教师在进行"依法保护人类的家园"教学时，为了让学生对身边的环境状况有清醒而具体的认识，唤起学生保护环境的强烈意识，呈现了生活中污染环境的案例，收到了很好的教学效果。

（三）案例的分析与讨论

案例的分析与讨论是案例教学的中心环节。在案例教学的这一环节中，教师重点要做好以下几方面的工作。

1. 引导学生阅读案例

阅读案例是进行案例分析与讨论的基础。这一过程可以安排在课堂教学之前，也可以安排在课堂教学之中。如果是比较复杂的案例，最好安排在课堂教学之前，毕竟课堂教学的时间有限，复杂的案例学生在短时间内难以消化，分析和讨论也难以充分。因此，可以让学生在课前对案例进行阅读、思考，为课堂上进行案例讨论做好准备。

2. 恰当选择分析、讨论的方式

在案例教学中，组织案例分析、讨论的方式灵活多样，可以是小组讨论，也可以是全班讨论。在实际的教学中，我们通常在小组讨论的基础上进行课堂交流。小组讨论由小组长主持，小组成员就案例及教师设计的问题充分发表意见和看法，并做好讨论记录。对讨论中小组内出现的问题和分歧，小组成员通过交流和沟通解决。讨论结束时，小组成员对讨论的结果进行汇总、整合，并推选代表进行课堂交流。课堂交流是在小组讨论的基础上，由各小组推选的代表进行课堂发言，介绍自己小组的讨论情况和讨论结果。

3. 有效调控分析、讨论的过程

案例分析与讨论的过程可能会出现各种各样的情况和问题，教师需要进行有效调控。第一，调动学生参与分析、讨论的积极性。对案例的分析、讨论需要每个学生都参与。教师要引导学生积极思考，努力分析问题和解决问题，鼓励学生大胆发言，系统陈述自己的观点，充分表达自己的意见，通过对案例的合作分析和研讨，相互借鉴，取长补短，共同提高。第二，把握分析、讨论的方向。用全班讨论的方式，往往会出现一些偏离主题的现象。教师要时刻关注学生分析、讨论的动向。当分析、讨论有偏离主题的迹象时，教师要及时把学生的注意力拉回来，保证案例的分析、讨论沿着正确的方向发展。第三，加强对分析、讨论的引导。在案例分析、讨论的过程中，教师要随时关注学生参与讨论的状态。第四，控制案例分析与讨论的时间。对于案例分析与讨论，要把握好时间和进度。教师要根据教学目标确定教学的重点，优先考虑重要的问题，给予其充分的时间保证。

（四）总结与评价

教师在案例分析与讨论的基础上，进行总结和评价。总结与评价一般可以围绕以下几方面展开：

第一，学生在案例分析与讨论中的表现。在总结、评价中，教师要恰如其分地分析学生在案例讨论过程中的表现，既肯定成绩，也指出问题和不足，要以鼓励为主，保护学生的积极性，要尊重学生，允许学生有不同的看法，不要将自己的观点强加给学生。

第二，案例分析与讨论的结果。在案例分析与讨论中，学生发表了各种各样的观点和见解，但这些观点和见解大都是片面的、零碎的。教师要梳理、总结学生的观点和见解，最终总结出案例分析与讨论的结果。

第三，延伸案例教学的成果。在对案例分析与讨论进行总结、评价的基础上，教师要特别强调分析解决问题的思路或方法，以此来引导学生在今后的学习、生活中有效应用这些方法，使学生能够更好地实现知识、能力、情感、态度、价值观的迁移。

二、运用探究式教学法

探究就是探讨和研究。探讨是探求知识、探求真理和探求本源；研究是研讨问题，追根求源，多方寻求答案，解决疑问。探究式教学就是以探究为主的教学，是在教师的指导下，学生围绕已定的任务或问题，进行自主学习和合作讨论，寻求任务完成或问题解决。探究式教学法的具体运用方式多种多样。一般来说，探究式教学大体包括提出探究任务、实施探究活动、交流和总结探究结果等几个阶段。

（一）提出探究任务

任务简单地说就是需要通过某种活动实现某种目的。探究式教学主要根据任务进行定向分析。所以，探究任务是开展探究式教学的前提。必须有任务，才能进行有目的的探究。探究任务多种多样，很多学者从不同的角度将探究任务划分为多种类型。探究任务主要包括以下几种类型：

变量关系型任务：按照假设—检验的思路，对一个或一个以上的自变量对因变量的影响进行检验，发现规律性关系。

观测 / 调查任务：分析科技和社会问题时，一般会通过观测或调查的方式去挖掘其内在规律，通过相关的仪器或者工具得到分析所需要的资料，构建共享数据库。

逻辑推理任务：利用系列活动（通常是定性分析），可以得到研究所用的数据，再对某问题的因果关系进行探究，最后得出解决措施。

资料分析任务：基于研究的问题，查找、汇总相关文献资料，对其进行整理、系统分析，得出结论。

设计 / 工程任务：主要是找到解决方案并检验方案是否有效，不用探究方案背后的其他因素的关联性。

作品创作任务：遵循相关要求进行作品的编撰。

开放探索任务：这是一种开放的任务类型，学生要先提出问题，找到需要探究的任务，再对任务进行深入探究，找出解决措施，制定解决方案，同时可以将外在资源运用到探究中。

（二）实施探究活动

实施探究活动是探究式教学的主体环节，是学生在教师指导下进行自主探究、完成探究任务的过程。在组织探究活动中，教师要准确定位自己的角色，重点做好探究活动的组织和指导。探究活动的具体开展有多种形式，如个人探究、小组探究、班级探究等。其中，小组探究能够使学生掌握相关的学科知识和道理，经历获取知识的过程，掌握获取知识的方法，分享探究的成果。合作、互助的学习与交往对学生人格和心理的健康成长，对增进学生感情交流、培养学生合作精神等，都具有重要的积极作用。因此，小组探究是常见的、使用广泛的探究形式。在小组探究中，要根据探究任务进行分组，分组要坚持组内异质、组间同质的原则。每组确定小组长，将探究任务进行具体分工，责任落实到个人（发言人、资料管理员、记录员、信息收集员等），照顾到每个学生的情况，让每个学生在小组中都有提升和发展自己的空间。

（三）交流和总结探究结果

学生进行探讨后，教师要让学生分享讨论出的结论、汇报小组探究成果、介绍小组探究过程中的重点问题和学习所得，展示相关的疑难、困惑，让全班学生分享探究成果，实现共同进步。针对探究结果的交流，教师要提出明确的交流内容和要求。学生不仅要交流探究任务的完成情况，还要交流探究任务的完成过程，如小组合作探究的分工情况、小组每个成员在探究中的付出、小组的合作状况和团队精神。当然，也要注意防止一些学生纠缠于细枝末节的问题，确保活动正常进行。对学生的探究结果及交流情况，教师要进行评价、总结。在总结中，教师既要立足过程，也要关注结果，既总结学生在探究活动中的表现，也分析学生通过探究活动取得的成效，培养学生分析问题、解决问题的能力，鼓励学生创新发展。

第三节　高中思想政治课堂结尾策略

一、知识总结策略

课堂结尾的基本功能是对知识进行系统的梳理、总结。知识总结可以将零散的知识联系在一起，帮助学生深化对知识的理解，让学生的学习过程更加完整，让课堂教学成为一个有机整体。在实际的教学中，教师应注重对知识的"保温"这一必要环节，不能草草收尾。高中思想政治教师需要在课堂结尾优化知识总结环节，让知识总结环节体系清晰、内容翔实。高中思想政治教师可以从以下几个方面完善知识总结：

（一）在内容上，统整教学内容

首先，知识总结环节对教学内容进行统整需要注重有序化。课堂结尾的知识总结环节是对本节教材逻辑结构的再现。一般地，对知识的总结主要围绕"是什么—为什么—怎么办"的思维逻辑展开。在具体的教学实践中，对知识的梳理、总结需要在对教材进行到位分析的基础上，依照逻辑顺序，有序地呈现出知识点。例如，奚老师在高三年级讲授复习课时，结合 2024 年山东省高考真题第 20 题的问题情境，教会了学生解答主观题定范围、分考点、筛知识、联系实际这四个步骤。并在结尾依托试题情境，围绕"是什么—为什么—怎么办"的逻辑体系统整了教材内容，构建了整个模块甚至跨模块的复习体系。再如，必修 2《经济与社会》第二课第一框"充分发挥市场在资源配置中的决定性作用"分为三目："市场调节""市场体系""市场缺陷"。教师对知识点的讲授展现出了不同的次序，或按照"市场调节—市场体系—市场缺陷"的顺序展开授课，或按照"市场调节—市场缺陷—市场体系"的思路进行教学，在课堂结尾也呈现出了各自的知识逻辑。一些教师认为，按照"市场调节—市场缺陷—市场体系"的顺序进行教学是源于教材又高于教材的创新。实则不然，教材的编写者在科学规划、精心编排的基础上，向人们揭示了这样的道理：市场调节是资源配置的一种方式，市场调节需要统一、开放、竞争有序的市场体系，但是市场调节也是有局限性的。而教师对这一有序化的逻辑体系进行二次加工，就会给学生造成这样的误区：因为市场调节具有局限性，所以需要建设高标准的市场体系。由此可见，在课堂结尾，对知识的总结必须对教材分析到位，准确分析逻辑关系，有序统整知识点。

其次，知识总结环节对内容进行统整需要突出对比性。高中思想政治课一节教学内容中存在着一些容易混淆的知识。如《经济与社会》中"主体"和"主导"的区别、"初次分配"和"再分配"的区别；《政治与法治》中民主选举的几种方式有所区别、民主决策的方式各有特点；《哲学与文化》中"落后文化"和"腐朽文化"的区别，"唯物主义"和"唯心主义"的区别，唯物主义三种基本形态和唯心主义两种基本形态的具体差异，"主要矛盾"和"矛盾的主要方面"的不同等。在结课阶段，如果单纯地对知识点进行解读很难让学生把握知识点内在的本质。如果将相互对立的识记材料放在一起，采用类似比较法，对新旧知识进行比较，则能让学生在比较、辨析、甄别的过程中强化知识的理解，培养学生的比较思维。常规的方法便是构建起知识对比的表格。在绘制表格时需要选取有代表性的比较项目，促进知识的高效生成。例如在比较"落后文化"和"腐朽文化"时，我们可以从含义、表现形式、性质、对待措施等方面进行比较，从原理过渡到方法论，促学生知行合一。

再次，知识总结环节对内容进行统整要注重升华性。思想政治课堂结尾的知识总结需要引导学生上升到新的知识高度和价值高度。例如《经济与社会》第二单元综合探究"做理智的消费者"的教学中，做理智消费者除了上述教材中要求的四条原则，还需要以道德为标杆，以法律为尺度。思想政治教师在结尾环节，对如何做"理智的消费者"的四条原则进行回顾的时候，还需要引导学生注重德法兼修。学生在回顾知识中有了新的体会，这样的结尾有利于引导学生树立法治意识。

最后，在复习课的知识总结环节，要统整各模块知识点。高中思想政治课各模块的知识点在内容上相互交融，在逻辑上相互依存，能深化学生对中国特色社会主义经济、政治、文化、社会、生态等的认识。特别是在高三思想政治课复习阶段，教师需要具备"串珠成线"的能力，围绕社会热点问题，以议题为依托，统整各模块的知识点。例如，在复习阶段，B 中学的姜老师结合近年南京市学业水平测试模拟试题的探究题，对"共享单车的喜与忧"这一议题进行深化，拓展相关问题的深度和广度。在结尾环节，姜老师梳理出了"共享单车的喜与忧"这一议题涉及的经济、政治、哲学等各方面的知识点，构建了情境链、问题链、知识链，让学生将知识点有效串联，也提升了学生解读和分析问题的能力。

（二）在形式上，美化板书设计

板书作为书面语言，与教师的口头语言、体态语言相互补充，使抽象知识具体化，使复杂问题简明化，使零散知识系统化，是课堂结尾环节的有效形式。板书行云流水，具有字体之美、结构之美，在促进学生深化知识理解的同时，给人以美的享受。在思想政治课堂中，板书笔痕展现知识理论，承载美学意蕴，碰撞思维火花，划清是非界限。思想政治课堂结尾采取丰富多彩的板书形式，能够提高课堂教学的"颜值"。因此，在知识总结环节，教师可以增加一些艺术元素，美化板书设计，让知识总结成为课堂结尾的"颜值担当"。

第一，教师需要掌握书法之美的要义，锤炼一笔一画，夯实粉笔字的基本功。"笔画平整，形体方正。"(《辞海》)这是对楷书的美学诠释，正与教师"行为世范"的特点相契合。教师写出笔画平整、形体方正、刚劲有力、明快流畅的板书，于细微处展现出教师的人格魅力。学生在这种审美愉悦中，增强了学习的主动性，更易于理解知识结构。但是，结尾环节时间有限，如果教师书写潦草，就会影响板书之美，降低学生的学习效率。因此，思想政治教师应在平时夯实粉笔字基本功，借助书法练习的契机，陶冶性情、涵养精神。这样，在结课环节方能不慌乱、不草率，写出展现形体之美的板书。

第二，教师需要把握板书布局之美的要领。中和之美、协调之美、和合之美等和谐思维是中国传统美学的思想精髓。由正板书和副板书构成的知识结构，展现了教学内容的主次关系、知识层次的递进关系，体现了中国传统美学的思想精髓。思想政治教师应当在把握传统美学思想精髓的基础上，对板书进行合理布局，让板书展现视觉之美，并通过板书激趣、助记、启智。

第三，教师需要掌握基本的绘画技巧。在结课环节，学生的大脑处于疲劳状态，注意力容易分散。如果板书千篇一律或囿于固定模式，学生产生视觉疲劳就成为必然结果。思想政治教师不妨掌握基本的绘画技巧，在结课环节可以绘制出"生机勃勃"的板书；或用简笔画，化烦琐为简洁，化沉闷为活泼，增强板书内容的概括性、知识的可识性、逻辑的示意性；或用鲜艳的彩笔书写、标画，化平淡为绚丽。

吐香绽放的花朵、郁郁葱葱的树木、乘风破浪的船只焕发出很强的生命力。教师在进行知识总结时，可以将这些富有生命力的意象融入板书设计。学生在掌握知识的同时，会被板书的形式之美深深地吸引。一些初高中教师的板书为其他教师提供了借鉴。例如，奚老师在结课环节，画出"文化创新之树"，带领学生回顾文化创新之旅；蒋老师画出"友谊之花"，让学生领悟友谊的特质；在高三复习课阶段，朱老师以航船的形象贯穿板书设计，总结出主观题解题的三步曲。

二、语言优化策略

教师的语言表达在很大程度上决定了学生在课堂上学习的效率。教学语言作为思维的外壳，是教师的基本教学技能，是课堂教学的基本工具，能够传授知识、引思启悟、润泽心灵。高效课堂不仅有板书的"颜值担当"，还有"言值担当"。优质的思想政治课的结束语，或情真意切、暖意浓浓，或诗情画意、隽永蕴藉，或幽默风趣、气氛活跃，这样的课堂结尾有温度、有情怀、有智慧，为教师优化思想政治课结尾的结束语提供了启示。

（一）运用情真意切的结束语

"感人心者，莫先乎情。"（白居易《与元九书》）语言富有感染力，情真意切是高中思想政治课教学富有活力和生命力的重要保证。在思想政治课堂结课阶段，教师运用情感铺垫和充满期望、饱含信念的语言，能够促进学生的知、情、信、意、行的有机转化，达到"课虽尽而意无穷"的境界。在高中思想政治课结尾，教师可以运用多种方式，让情真意切的结束语促进学生情感升华。

首先，教师可以以讲故事的形式唤起真情。雅斯贝尔斯说："教育是一棵树摇动另一棵树，一朵云推动另一朵云，一个灵魂唤醒另一个灵魂。"唯情真方能唤醒真情。例如，小故事短小精悍，不失温情，包含哲理。教师在讲故事的过程中，或娓娓道来，或深情款款，吹动学生的心潮，唤起学生的真情。2017年《中学政治教学参考》编辑部主办的初中思想品德卓越课堂观摩活动中，梁老师执教"深深浅浅话友谊"一课的结尾，在播放自制小视频的过程中，动情地讲述自己与大学舍友的友谊故事，展示细节，分享回忆，她的真情讲述打动了在座的师生。

其次，教师可以以音乐激扬真情。音乐包含充沛的情感力量，能够渲染愉悦的氛围，促进学生产生情感共鸣。教师可以在课堂结尾运用音乐，或自己一展歌喉，或师生合唱，在音乐氛围中抒发真情。例如，在《哲学与文化》第五课第三框题"社会历史的主体"的结尾，教师可以一展歌喉，唱《咱们工人有力量》。学生在欣赏教师歌唱的过程中，深刻感受到人民群众是历史发展的决定性力量，增强热爱人民、热爱劳动的情感。缺乏情感的课堂，犹如无病呻吟，没有活力；犹如无根浮萍，没有生机。思想政治教师需要修炼语言艺术，让思想政治课堂于收尾处温情脉脉。

（二）运用诗意的结束语

人生自有诗意，诗心创造美丽。诗寄情，舒展情怀；诗言志，坚定信念；诗育人，润物无声。诗词文化凭借着强烈的感染力和感召力，让学生在诗意的浸润中涵养人文精神，发展诗性智慧，形成诗意品质，引导学生求真、向善、至美。诗意德育就是要从本体论的高度尊重学生思想品德发展规律，采用有魅力的言说方式，让德育富有生命的质感和活力。思想政治课堂的结束语应当多一些诗意，让思想政治课堂氤氲着诗意的芬芳。

借助诗意语言，思想政治课结尾能够营造育人氛围。诗意语言的感染力是巨大而微妙的，是深沉而厚重的，是潜移默化又深远持久的，能够营造出辐射力强、浸润度高的育人氛围。现代诗人卞之琳的诗《断章》营造出了至纯至善的诗意境界。其中的经典名句"你站在桥上看风景，看风景的人在楼上看你"形象生动地展示了联系观。在结课环节，有位教师诵读了《断章》，营造出纯美境界，有助于学生领悟人与自然、他人、自身应该和谐共处、共生共荣的联系观。

借助诗意语言，思想政治课结尾能够涵育精神品格。古人的"行之乎仁义之途，游之乎诗书之源"（韩愈《答李翊书》），说明人格涵养既需要理性，又需要诗意。例如，在"主权国家和国际组织"一节的教学中，结尾环节呈现出立体化的特点，即在结尾环节，教师选取了《少年中国说》选段，让学生齐声朗读，培育学生"身在校园，心系天下"的情怀与担当。

思想政治课结尾多一些诗意，首先，需要教师增加人文积淀，积累文化经典，理解诗的内涵，领悟诗的意境，做到"腹有诗书气自华"；其次，需要教师培养"转化"的灵感，结合教学目标和教学情境，生成有底蕴、有温度的诗意话语，不生搬硬套，不造作。冰冻三尺，非一日之寒，练就诗意的话语，非一日之功，需要教师且行且思，不断积累、思索、活用。

（三）运用诙谐幽默的结束语

俗话说："编筐编篓，重在收口。"心理学研究表明，学生的认知积极性呈波形。在课堂教学收尾阶段，学生的注意力分散，兴奋中心疲软。用幽默的方式进行课堂结尾，更容易让学生接受。幽默是课堂教学有力的思想武器，让枯燥的教材理论活色生香，让沉闷的课堂氛围活跃起来。面对课堂"难收口"的现状，教师可以将一些幽默元素融入课堂结束语之中，激活学生的兴奋点。不同学科教师有不同的语言幽默风格。"数学是最浪漫的，9 对 3 说，我除了你，还是你；4 对 2 说，我除了 2，还是 2。"这是某大学数学系蔡老师的经典语录。同样地，高中思想政治教师可以在结束语上花一些心思，让课堂结束语诙谐幽默。

首先，打造幽默的思想政治课结束语，需要充分分析教材知识点的内涵和不同知识点之间的逻辑关系。发挥幽默智慧，需要源于教材，忠于教材，否则，产生的幽默效果只是贻笑大方。在教学实践中，舒老师打造的幽默语录便建立在吃透教材的基础上。在"认识论"一课的结尾，舒老师在充分分析真理与谬误特点的基础上，设计了这样的结束语："真理和谬误一起来到河边游泳。他们都脱掉衣服，跳入水中。趁真理游得正高兴的时候，谬误偷偷地游回岸边，把真理的衣裳窃走了。从此，人们宁可相信花枝招展的谬误，也不愿相信赤裸裸的真理。"舒老师运用拟人的手法，通过夸张的对比，凸显了谬误与真理相伴而行、谬误掩盖了真理的状况，引导学生透过现象看本质，不懈地追求真理。

其次，打造幽默的思想政治课结束语，需要将语言艺术与生活情境相融通。幽默的课堂语言，将语言技巧精妙运用，或比喻，或谐音，或双关，或错位，或自嘲。其实，语言艺术是在生活情境中习得的。思想政治课密切关注与时俱进的生活世界，"撸起袖子加油干""友谊的小船""洪荒之力"等时代热词散发着蓬勃的时代气息。各种网站和社交媒体为打造幽默语录提供了广阔的平台。在结课阶段，思想政治教师需要使视野回到热气腾腾的世相百态，将幽默细胞最大限度地扩散。

最后，打造幽默思想政治课结束语，需要把握"寓庄于谐"的奥妙。运用诙谐的语言表现庄重的主题，引导学生反思、自省、比照、践行，是思想政治课幽默化结束语的追求。教师在打造幽默结束语的时候，需要引导学生透过幽默诙谐的外在形式去感悟庄重的主题。

第四节　高中思想政治课后巩固策略

布置作业是高中思想政治课堂结尾的必要组成部分，同样考量教师教学设计、课堂组织的能力。教师在结课环节布置具有启发性、探究性的作业，能够以作业为载体激发学生的学习兴趣，让学生巩固课堂所学的知识。思想政治教师可以从如下方面发力，使高中思想政治课堂结尾环节掀起一场"作业革命"。

一、优化设计传统的纸笔作业

传统的纸笔作业仍然发挥着重要的教学作用，因此教师不能忽视传统纸笔作业的作用。《普通高中思想政治课程标准（2017年版2020年修订）》强调，具体教学目标的制定与评价方式的选择应该聚焦学生思想政治学科核心素养的发展，整合知识与技能、过程与方法、情感态度与价值观。这一要求为布置传统作业提供了清晰的导向，即传统纸笔作业要促进学生核心素养发展。北京市高考政治试题注重考查学生的学科核心素养，为思政教师在课堂结尾环节布置传统的纸笔作业提供了借鉴。2017年高考政治北京卷试题，情境性强，既带领考生走进充满生活气息的公共生活，引导考生辩证地分析共享单车问题，也带领考生走进充满人文韵味的文化世界，在欣赏中国水墨画讲究"墨分五色"的过程中增强哲学思辨，加强文化思考，还带领考生走进有序的法治生活，引导考生分析国家生态环境保护的政策和法规。教师通过创新作业内容和形式，布置发展学生学科核心素养的纸笔作业，能够引导学生通过练习发展核心素养。

二、布置探究式作业

思想政治探究式作业通过学科任务，引导学生在探究的过程中培育思想政治学科核心素养。思想政治教师在课堂结尾环节布置探究式作业，需要明确探究活动的主要目的，呈现出清晰的活动方案，诠释活动实施环节的细节，保证探究式作业合理化、有序化推进。

首先，布置探究式作业，可以紧密结合当下的时代背景，让学生有效整合媒介资源，在整合媒介资源的过程中开阔视野，提升媒介素养。教师可以充分利用网络问政平台等设计探究式作业。

其次，可以紧密结合学生关注的兴趣点、学生待提升的能力点，设计激发学生潜能的探究式作业。教师可以充分利用中华优秀传统文化资源，如中华美食、中国戏剧，引导学生探究传统文化的发展脉络、历史渊源、深刻内涵、价值追求等。通过探究式作业，学生增强了文化自信，树立了正确的价值观。

三、布置体验式作业

体验式作业强调在实践中体验生活，这契合了思想政治学科在课程实施上具有实践性这一特性。思想政治教师在课堂结尾可以巧妙地安排体验式作业。

首先，布置体验式作业，需要增加学生的社会体验。认识社会、适应社会、融入社会是思想政治课体验式作业的要求。学生在认识社会的过程中，能丰富社会经验；在适应社会的过程中，能强化理想信念；在融入社会的过程中，能养成良好习惯。因此，在高中思想政治课堂结尾，教师可以巧妙安排体验式作业，增加学生的社会体验。

如在教学"人大代表的职责"以及"人民政协的职能"时，教师可以布置这样的体验作业：

作业名称：《社区服务需求调研与提案行动》

实施步骤：

（1）主题确定（1周）

学生以4～6人小组为单位，选择社区治理中的具体议题（如养老服务、公共设施维护、垃圾分类、青少年活动等）

教师提供选题指导清单，结合"基层群众自治制度""共建共治共享"等教材知识点

（2）调研设计（课堂指导＋课后准备）

学习设计简易问卷（包含封闭式与开放式问题）

制定访谈提纲（针对居委会/物业/居民不同对象）

练习观察记录法（如公共区域设施使用情况跟踪）

（3）实地调研（2个周末）

深入社区开展数据收集（需提前与社区对接）

要求拍摄工作照+视频日志记录过程

强调安全规范（分组必须有家长志愿者陪同）

（4）数据分析（1周）—用Excel制作统计图表—提炼3个核心发现—对比政策法规与现实执行的差距

（5）提案撰写（课堂工作坊）

按照"现状描述—问题分析—解决方案"三部分撰写

要求包含可行性评估（成本/实施主体/预期效果）

鼓励创意呈现（可制作模型/示意图辅助说明）

（6）成果展示与转化

举办模拟政协提案会（邀请社区工作者担任评委）

优秀提案递交真实社区居委会

制作调研手记电子书在校园公众号发布

（7）教育价值：

实践层面：培养社会调查、数据分析、公文写作等实用技能

认知层面：深化对基层民主、社会治理等抽象概念的理解

情感层面：增强主人翁意识，体会"全过程人民民主"的实质内涵

（8）注意事项：

建立安全保障机制（家长联络网、活动报备制度）

提供调研工具包（标准化表格、案例模板）

设置过程性评价量表（团队协作、方法科学性等维度）

该作业通过"问题发现—方案建构—成果转化"的真实闭环，使学生在服务性学习中实现知识迁移，既符合新课标"政治参与"核心素养

要求，又能激发青年学子的社会责任感。

其次，布置体验式作业，需要增加学生的温情体验。教育是一种人格、心灵的唤醒，思想政治课体验式作业应当增加学生的温情体验，让学生在体验温情的过程中唤醒生命中的灵性和欲望，唤醒心灵的美好。例如，在"做理智的消费者"一节教学时，教师可以布置这样充满温情的体验式作业：送父母一件生日礼物。这份体验式作业不仅能够让学生运用所学的消费观相关知识，还能够让学生在实践过程中拉近与父母的距离。

第四章　高中思想政治课应用情境教学法的情况分析

第一节　高中思想政治课应用情境教学法的意义

一、有助于学生学习兴趣的提升

情境的创设为学生学习思想政治课提供了更加贴近社会生活的机会。学生能够从这种情境中得到全面的发展。通过情境创设，教学向与学生息息相关的社会生活扩展，变得形象、有趣，让学生更易对课程内容产生兴趣。其实社会生活本身就是活生生的教材，记录着历代人的思想、观念、情感及审美情趣，也包含着人类社会的历史与科学的逻辑思考和发展，对学生领悟客观规律、理解抽象概念起着重要的作用。此外，更为重要的是，高中学生对社会的认识处于萌芽阶段，他们对社会充满好奇。教师可为学生创设情境，让学生可以在丰富多彩的社会生活中受到启发，满足学生对社会生活的好奇心。利用情境进行教学，尤其是利用真实社会的情境教学，是提升学生对思想政治课学习兴趣的重要手段之一。

真实的实验场景往往能够引起学生的兴趣，例如，在思想政治必修4《哲学与文化》第四课"探索认识的奥秘"第一框"人的认识从何而来"第二目"实践是认识的基础"中，有关"实践是检验认识的真理性的唯一标准"，可以设计一个实验，这个实验可以是小游戏，也可以是物理化学类的实验。让学生先预测实验结果。兴趣驱动学生主动参与实验，通过真实的实验过程，让学生体会"真理"是怎样形成的。教师可以设计两个实验，让学生更加深刻地了解实践是检验认识的真理性的唯一标准，从而认同其中蕴含的价值观。

二、有助于学生对知识的理解

教师在运用情境教学法进行教学的过程中，强调知识与情境是相互依存的，因为任何知识都是来自情境的，最终再回到情境中去。在高中思想政治课中，不难发现，高一、高二、高三的知识内容，如"中国特色社会主义""经济与社会""政治与法治""哲学与文化"等，贴近社会，贴近生活。教师在课堂中运用情境教学法，可以带领学生进入情境，通过让学生自己感受社会环境，加深学生对知识的理解和把握，并在此基础上不断发展学生的知识、能力，达到思想政治课程的德育目的。在此过程中，能培养学生在生活中汲取知识的能力，增强学生学习的能力。学生即使离开了课堂，也会由于在课堂中教师对其能力的培养，有能力在之后的社会生活中进行自主学习。社会生活的方方面面成为学生学习的更广阔的世界，使学生的知识面更宽，培养了学生的思辨能力，使学生认识社会中的种种现象。学生在教师的指导下，通过自己的思考和辨别，以正确的价值观对待社会现象。

三、有助于学生能力的培养

情境教学法运用有关情境，能够让学生获得身临其境的体验，从而在情境中培养学生的各方面能力。

第一，应用情境教学法，有助于培养学生理论联系实际的能力。教师在教学过程中可以根据需要，选择不同的情境进行教学，为学生提供接近现实的机会，也让学生能够更好地了解理论是如何指导实践的，实践中具体工作是如何通过理论更好地开展的。情境教学法可以为学生提供很多生活实例，让学生能够在了解知识内容的同时，提高对知识的实际应用能力。

第二，应用情境教学法，有利于培养学生自主探索的能力。情境教学使学生置身于一定的情境中，能激发学生自主学习和探究的意识。不同的学生对情境中不同的点会产生不同程度的关注，学生脑海中的各类疑问就随之产生，这能激发学生探索真理的求知欲。求知欲是驱动学生自主学习的内在动力。情境教学在引导学生进入知识领域的同时，更多地激发学生的求知欲，让学生自主探索知识，从知识中形成正确的价值观，培养学生自主探索的能力。

第三，应用情境教学法，有利于培养学生知识建构的能力。心理学的有关研究表明，听觉和视觉虽然可以帮助学生直观地获得信息，但这样获取信息不如亲自动手那样使人印象深刻。情境教学法打破了往常的学习模式，为学生提供了环境的刺激因素，帮助学生运用自己已有的知识和经验，在新的外部环境的刺激下，逐步建构关于外部世界的新知识，从而获得新的知识和感受。这好比建设一座能够连接学生和知识的桥梁，通过这座桥梁，学生能够较快地进入相应的知识之中，从物境到情境，再到意境，而后有所感悟。

四、有利于学生形成正确的价值观

相对于其他课程而言，思想政治课除了有传授知识的功能，还承担着德育功能。思想政治课要让学生能够在心理层面和情感层面形成良好的价值观，并在此基础上树立正确的道德观。相对于其他教学方法而言，情境教学法立足于学生认知程度和心理水平，更加符合学生身心特点，更易于被学生接受。

情境教学法主要立足于四大基本原理，即暗示导引、情感驱动、角色转换、心理场整合，这些原理都包含一个理念，即以学生为中心，以学生的心理发展水平为基础，结合马克思关于人在活动与环境相互作用、和谐统一中获得全面发展的哲学原理，加强学生对所学知识内容的认同，让学生从内心认为思想政治课传递的价值观是正确的，使学生树立正确的价值观和道德观。

虽然高中生已经具有了一定的抽象思维能力，但是对于高中思想政治教材中的政治学、经济学、哲学类的部分内容，他们的认知还未达到能够充分理解的程度，对于其中的德育内容也难以充分理解。暗示可以引导学生产生一种心理倾向。教师可以从学生的心理出发，利用暗示对学生心理及行为产生影响，让学生与教师产生情感共鸣，从而逐步达到德育目标。这种暗示便是教师创设的一种情境。教师为学生创设适合他们的情境，让学生融入情境之中，感受丰富的形象，体验真切的情感，从而认同教师通过教学传达的价值观。

此外，情境教学法在一定程度上可以给学生更多实践的机会。实践是检验真理的标准，更为重要的是学生愿意去实践、去探索。学生通过实践和探索，对客观规律有了自己的切身感悟，身体力行地感受到思想政治课传递的价值观的正确性。既然要进行实践，学生就要更多地接触社会现实。学生要走出课堂，走出学校的围墙，到社会中去实践、探索。情境教学通过模拟、再现真实社会中的场景，或者直接带领学生到社会中去体验生活，让学生能够在了解社会的同时，提升思想道德素质。情境教学法为思想政治课提供了更多的空间，对思想政治课更好地传达教学内容中蕴含的价值观起到了积极作用。

第二节　高中思想政治课应用情境教学法的现状

一、教学情境创设

教师创设的教学情境要具有感染力，吸引学生参与情境学习。除此之外，教师要适时、适度地创设情境，合理地利用情境，还要激活学生已有的知识储备，缩短新旧知识之间的距离，促进学生的学习迁移。如果情境创设不合理，就失去了情境创设的意义。调查中发现，情境创设不合理表现在以下几个方面：

其一，情境创设存在形式化的问题。部分学生认为，教师创设的情境仅是为了激发学生的兴趣，能够让他们在课堂开始时更好地参与进去，一些情境和教学目标、教材的联系并不紧密。高中思想政治课理论性强，为了活跃课堂气氛，一些教师会不可避免地把重点放在激发学生的学习兴趣上，创设激发学生兴趣的片面情境，使课堂气氛变得非常活跃，但这些情境并没有真正达到教学目的，脱离教学实际。这些情境给出的线索和价值只能在短时间内引起学生的兴趣，而很难让学生认真思考，难以鼓励他们去探索。因此，这些情境在促进学生主动学习、思考、探索方面的作用大打折扣。

其二，情境的数量过多会影响教学效果。情境创设的目的是促进教学和学生学习。从调查中学生的反馈来看，部分教师会在一堂课中设计3个情境，最多时超过7个。多数学生认为，多个情境的创设不利于他们对一堂课的学习。一方面，一堂课的教学时间只有45分钟，如果在有限的课时内使用太多的情境，就会使一些注意力不够集中或思维过于活跃的学生、反应相对慢的学生在课堂上感觉眼花缭乱，精力分散，再加上教师的讲解和引导，整堂课满满当当，学生找不到课堂的重点，不能明确学习目标。另一方面，一项教学内容可以通过选用很多情境素材来呈现，在一堂课中，如果教师不懂得取舍情境素材，那么学生在了解情境内容和理解情境的逻辑时可能因花费较多时间而失去感受和体验的乐趣，这样，教学就达不到"情境熏陶"的目的。

其三，情境没有贯穿教学过程始终。调查显示，一些学生认为，当前高中思想政治课教学中，部分教师对情境的创设仅集中在课堂导入和新课讲授上。课堂导入是一堂课非常重要的环节，为整节课奠定基础。大部分教师能在导入新课时设置情境，并将情境延续到新课讲授中。然而部分教师在完成导入后，便使用讲授式的教学方法，情境教学法的效果就弱化了。在课堂导入中，运用情境教学法能够调动学生的积极性，但只将情境局限在一个教学环节，对于完整的一堂课来说，教学情境的作用是有限的。如果教师没有创设好完整、连贯的教学情境，那么学生可能只会受到暂时的刺激，这不利于教学目标的达成。教学情境应该具有整体性和连贯性，或者以一个主题式的情境贯穿一堂课始终，这种贯穿并不是时时刻刻都要用情境，而是从头到尾能够呼应和体现教学主题，要和教学内容契合。

二、学生情感共鸣

教师应用情境教学法时要达到良好的教学效果，就要营造适合学生的情境。教师想要创设出情感真实且有效的情境，就要结合学生的生活实际来创设情境，只有这样，才能产生真正的情感共鸣。笔者通过实际观察、教师访谈和调查研究发现，在创设情境时，部分教师往往容易忽略在情境中呈现情感的重要性。在情感不充足的情境中，学生的情感活动不能被充分体现，"情"和"境"割裂开来。

首先，根据数据发现，一些学生认为，教师创设情境是为学生学习知识服务的，对教师创设的情境情感共鸣不强。部分教师在选取情境素材时，更多考虑的是情境素材在教学中的实用性，即这类素材对促进学生掌握知识点的作用。部分思政课教师会将更多的精力投入学生知识目标的实现中，更多围绕知识的学习进行教学设计，选择的情境素材内涵不够深刻，价值不足，创设的情境和素材之间缺乏情感联系，或联系较为生硬，达不到情感教育的要求，没有真正实现以境促情、以情达境。

其次，有些教学情境具备充分、完整的情感线，但是部分教师会出现情境素材的情感主线与教学内容不符的问题，有些教师甚至未发现情感线与教学内容、教学目标产生联系的交集，导致情境对学生的情感熏陶效果不明显。在教学过程中，一些教师利用情境进行情感传递的方式方法欠妥，导致教材和学生之间没有产生实际的情感联结。如果教师使用的教学方法较为单一，就会导致在教学过程中不能找到合适的方式来传达情境中的情感。因此，在情境教学的实际操作过程中，一些教师对实现情感目标的教学设计能力仍需提高。

最后，部分教师在情境中进行情感烘托时过渡不当，过于生硬，没有给予学生情感变化的缓冲时间；部分教师未能考虑到学生的具体情况，创设出不切实际的情境，这些情境与学生的生活接触面、思考逻辑及个性情感没有关联。教师和学生的年龄差决定了两者之间会存在信息差。教师习惯性地在自己的身边搜集案例，在成人的世界里选取素材，这难免会导致教师选择的素材对学生而言具有距离感；有时候教师认为自己选择的素材很有趣，但实际上学生并没有找到共鸣点。这些问题都有可能影响学生的学习热情，导致教师陶醉在自己创设的情境中但学生无动于衷的现象。学生在这样的情境中找不到情感共鸣点，教学过程中缺乏师生之间的情感互动，教师无法及时关注学生的情感需求。

三、常态化教学中情境教学法的应用

在常态化教学情形下，教师形成了教学惯性。也就是说，教师的教学模式会形成惯性，如果使用某种教学方法，便轻易不会改变或者很少使用其他教学方法和形式。通过调查发现，在一些教师的常态化教学中，情境教学法使用不充分，因此要关注情境教学法的使用。情境教学法符合课程标准中"使课程内容情境化，促进学科核心素养的落实"的理念，能够激发学生的学习兴趣，达到良好的课堂教学效果。通过具体的教学情境，体现生活性的问题，将学科内容和创设出的具体情境有效融合，引导学生正确认识复杂的社会生活，正确面对真实情境中的问题和挑战。情境教学法为学生提供了更多独立学习的空间，以及更多师生、生生合作和互动的机会。因此，在学校各类教研活动和公开课中，情境教学法经常被教师用来展示自身专业能力。广大教师，尤其是思政课教师，愿意选用这一教学方法进行教学。

在教研活动中，教师精心选择情境材料，创设情境，学生配合度高，参与度高，反应热烈，这样的教学常常能达到意想不到的良好效果。然而，这种教学效果更多体现在教研活动和公开课中。在常态课中，教师如果想要达到良好的情境教学效果，就要付出很多精力，花费大量时间，准备工作十分繁杂，包括设计情境、搜集资料等。由于缺乏相应的素材库和一定的资源支持，如果教师在常态的繁忙的备课工作中去完成相关的情境教学准备工作，那么教师的工作压力会增大。另外，应用情境教学法需要精心设计教学，才能保障一节课的完整性，而且要考虑到很多课堂生成的问题，教师要有足够的精力和创造力去精心准备。例如，在

情境教学法实施的过程中，一些活动需要占用比较多的时间，若没有充足的资源支持教师创设出恰当的情境，就会导致教师实施情境教学法的难度加大，对课堂节奏的把握和掌控要求提高，教师准备稍不充分，就会耽误教学进度，无法完成教学目标。考虑到情境教学法在实施方面存在诸多限制，一些教师在常态化教学工作中便不选择使用情境教学法，或者只是简单使用。

情境教学需要较多的准备工作，需要完备的硬件设施，有些学校仅有录课教室可以满足这些需求，而学生平时上课的教室并不能完全支持情境教学法的充分使用，达不到良好实施效果。还有些学校即使有足够的硬件设备，也无法正常使用或不重视使用这些设备进行情境教学。这些都会影响甚至弱化教师使用情境教学法的积极性。因此，在目前的高中常态化教学中运用情境教学法存在一定的限制，这就导致尽管情境教学法应用效果较好，但该方法在常态化教学中应用得并不充分，这是教师使用情境教学法的一种现实困境。

第三节　高中思想政治课应用情境教学法存在问题的原因

笔者结合问卷调查和实习基地高中思想政治课教师访谈内容，对高中思想政治课应用情境教学法存在问题的原因进行了综合性分析，具体原因如下：

一、部分教师对教学情境的设计理念存在不足

情境教学法的实施主体是教师，教师和教学方法之间存在必然的、

紧密的联系，因此情境教学法应用效果与教师对情境教学法的认识、教学的理念以及如何去设计和运用情境教学法密不可分。笔者在对教师进行访谈的过程中发现，大部分教师在课堂教学中能够在一定程度上应用情境教学法，但是在应用该方法时有一定的局限性。例如，他们创设情境主要利用视频或图片这种较为直观的方式，或者利用一段情境材料，创设情境的空间基本集中在教室里。笔者通过访谈了解到，一些教师由于课时的限制、空间的限制，无法在每节课做出优秀的教学设计，对于情境教学的设计较为稳定和保守，创新性不强。还有教师表示，由于课务繁重和升学压力，没有时间和精力去研究情境教学法的创新和完善。在进行教学设计时，有些教师对学情分析不深入、不透彻，抓不住学生的情感需求和学习需要，所以无法创设出有效的情境。这些因素导致情境教学法在情境创设上存在不够灵活、缺乏针对性、效率不高等问题。另外，一些教师在创设情境时缺乏设计感和新意，展现的情境内容缺乏拓展性和开放性。笔者在对有关教师在情境创设方面的访谈中发现，有一半的教师认为，自己在进行教学设计时确实创新不足，尤其是在设置活动上缺乏创新思维，停留在教学的舒适区里。部分教师没有足够的时间去更新和拓展自己的教学设计理念和思维，进行教学设计和使用教学方法的突破性不强，缺乏创意，这就会导致在创新教学设计、进行情境创设时存在一些问题。

二、部分教师选择的情境素材与学生生活实际联系不紧密

笔者从访谈和调查中发现，大多数教师认为，选用贴近学生生活的素材进行教学确实能增强学生的学习欲望，从而更好地实现教学目标。但是在实际教学中，贴近学生生活实际的情境创设并不容易做到。学生对教师创设的情境缺乏情感共鸣的主要原因是教师选择的情境素材与学生的生活实际联系不紧密。一是在教学过程中，让学生走出校园去体验

生活的环节没有得到很好的落实，而课堂教学具有一定的局限性，学生接触的真实素材和真实生活有限。二是一些家长依然持有落后的教育观念，片面注重学生的学习成绩，在日常生活中忽略对学生实践能力的锻炼及培养，使学生缺乏在社会实践中学习的机会。这些学生接触的真实情境少、体验少，只能从网络中获取信息。那么在课堂上，教师即使用心挑选情境素材，这些学生也常常会觉得无聊或者不真实，认为与自己的生活以及自己感兴趣的领域没有关系。三是教师自身的实践体验也局限于校园和课堂，局限于教师这一职业角色。教师在走入校园成为教师之后，大多数时间和精力都投入教育领域和专业领域中，虽然使教师的专业能力得到了提高，但是也限制了教师视野。因此，教师挑选情境素材时，会出现对学情分析不够准确的问题。一些教师虽然准备了素材，但素材不一定是贴近学生生活实际的。不贴近生活的素材难以引起学生的情感体验，也就无法引起学生足够的共鸣，情境教学法的功能就会被削弱。

三、情境教学法的应用没有足够的资源支持

笔者在对教师进行访谈的过程中了解到，大部分教师都认为教师作为情境教学的实施者，提高自身能力、更新教育理念是非常重要的。与此同时，被访谈的思想政治课教师也表示，如果要创设情境，更好地进行思想政治课的教学活动，学校应该提供足够的物质支持和资源保障，为教师提供教学便利，以解决实际教学问题，如教学素材更新、配套设施充足。情境素材的选择直接关系到情境教学的效果，但是高中教师任务重、课程紧，另外，学校还存在着硬件设施不足的现象。如果缺乏硬件资源，就无法满足教师创设情境的需求，情境的质量就得不到保证，不能很好地和时代接轨，和现代化教育发展同步。一些隐性的教学情境或有实践要求的情境，就不能再局限于课堂内和教室内，一些学校资源

相对有限，无法满足这样的教学需求，这主要表现在三个方面：一是一些学校的内部环境中缺乏一定的情境资源；二是一些学校思想政治课的相关活动并不丰富，通常是征文活动和诗歌朗诵类活动，学生的活动体验有限；三是社会实践活动不足。为了提高学生的能力，有必要在真实情境中向学生传授经济、政治和文化知识，鼓励学生参与社会研究，调动学生积极性，使学生完成调查报告，真正走进社会，解决实际问题。

学校不应当只把目光放在教师的教研和培训上，需要为教师提供一定的条件，从而保证情境教学法的顺利实施。不管是课堂内还是课堂外，不管是校园内还是校园外，教师都是学校教育的第一资源。学校应当关注思政课教师的当前处境、当下需求以及教学发展的现实困境，为教师提供足够的支持和帮助。大多数教师具备较高的理论水平和实践能力，但是社会在进步，教育在发展，学校要给予教师充分教学支持，使教学空间更广阔，改变情境教学法在常态化教学中应用不充分的局面，使常态化教学迸发新活力。

第五章 高中思想政治教学中情境创设的方法

第一节 高中思想政治教学中问题情境创设方法

一、活用多途径，展示问题情境

教师只有巧妙地呈现问题情境素材，才能有效地引入问题情境，使教学内容与教学形式有机结合，更好地提升教学效果。如果教师长期运用某种单一的情境展示方式，学生就会出现审美疲劳，对教师设计的问题情境失去兴趣。因此，教师要灵活使用多种多样的途径，充分调动学生各个感官感知情境。

（一）用实物展示情境，提高情境可信度

借用具体的真实物体创设客观的教学情境，教师要量力而行，在人力、物力和时间允许的条件下准备教具。为减轻教师的备课压力和负担，

高中思想政治教研组的教师应该加强合作,互相分享展示情境的实物,提高教具的利用率。例如,教师在讲解我国古代优秀传统文化的相关内容时,可以向学生展示具有当地特色的文化遗产,如苏绣、国画等。如果具备条件,教师应尽可能让学生体验实体情境,具体化的情境更利于学生感受和理解,利于发展学生的观察能力。如教师在讲解"中国共产党的领导"这一议题时,可以组织学生参观烈士陵园、红色革命旧址、革命历史展览馆或者博物馆等,将学生带入有关现实生活的真实情境中,使学生的感知更真切、更立体。

(二)用活动再现情境,增强学生体验感

教师可用具体的活动创设问题情境。学生积极参与问题情境创设的过程就是熟悉、感悟情境并产生疑问的过程。高中思想政治课教学可设计的活动包括角色扮演、小品表演、模拟会议、辩论赛、心理测试、小游戏等。学生扮演角色,从而深入角色,对角色扮演的内容产生亲切感、趣味感,加深内在情感体验。学生通过表演模拟真实情境,结合自身生活经验,产生身临其境之感。但是用活动展现情境耗时耗力,教师要视实际情况灵活运用活动。用活动再现情境,教师和学生都需要充分准备。首先,教师要根据教学内容确定恰当的活动形式,设计活动内容,确定表演的学生并进行相应的指导,对参加心理测试和游戏的学生进行指导。表演活动往往只能有少数学生参加,教师要根据每个学生的特点,给予全班学生平等的机会来展示自己、提高自身能力。其次,对于学生而言,在课前需要进行排练,以保证良好的课堂学习效果。另外,如果教师没有提供表演材料,那么学生需要先自行搜集资料并设计整个活动。

(三)用媒体演示情境,增强情境感染力

利用多媒体呈现教学情境是目前教师普遍采用的途径。教师借助幻灯片软件展示色彩鲜明的图片,播放音乐和视频,一方面将信息直观、

深刻地呈现给学生，另一方面能给学生带来强烈的情感体验，使学生更容易感知情境。教师要熟练掌握现代信息技术，能灵活操作办公软件和音频、视频剪辑软件等，能够熟练地操作电子白板、投影仪等电子教学设备，避免因操作不当而影响教学正常进行。教师在备课时要根据自身实际、学生特点以及学校的教学设备，选择合适的教学媒体，而不是凭借自己的主观意愿。

（四）用语言描述情境，提高学生关注度

语言有书面语言和口头语言之分。教师可以使用书面语言来呈现内容较为正式、篇幅较长的素材，通过书面文本呈现情境。教师也可以用幽默的口头语言创设情境，从而提高学生对情境的关注度。例如，有趣的比喻、寓意深刻的名人名言、简短的故事或具有探究性的考试题目等，都能够激发学生思考、探索的兴趣和热情。用语言描述情境的主体可以是教师，也可以是学生。主体的描述语言本身就带有丰富的情感色彩，使人不自觉地进入所描述的情境之中。教师在描述情境时，要注意语言生动活泼，将自己的主观情感明确地传达给学生。诙谐幽默的教师更易获得学生的喜爱和尊敬。教师可以学习和模仿幽默的语言风格，在课堂教学中用语言描述情境，发挥情境教学的优势。

二、引导学生感知问题情境

在教学中，并不是所有的情境素材一经呈现就能够营造出情境，有一部分情境只经过教师的引导和分析，学生才能够感悟。高中思想政治课学习并不是单纯掌握教材知识，而是要兼顾课程知识的掌握和内在精神层面的发展。为此，教师要引导学生感知问题情境，注重对学生情感、态度与价值观的培养。

（一）有效组织和调控课堂

学生顺利感知问题情境建立在教师有效组织和调控课堂的基础上。一方面，每节课的时间有限，教师要采取一定的手段控制教学节奏，不同教学环节的教学时间和节奏应有所变化，从而有充足的时间供学生感知教学情境、发现问题、提出问题和思考问题；另一方面，虽然高中生不像小学生那般容易开小差，但还是会有一些内外部因素影响学生的注意力集中度，教师要关注学生的注意力，兼顾学生的有意注意和无意注意。

针对课堂组织的方法，首先，教师可以用目光、声音和简单的手势提醒个别走神的学生集中注意力，让学生专注于教学情境；其次，教师利用语言组织教学，通过语音、语调和语速的变化或短暂的停顿吸引学生注意力，引起学生对问题情境的重视，调控课堂教学进度。

（二）营造轻松的课堂氛围

心理学研究表明，人只有处于放松的状态下，才能最大限度地激发自己的创造力和潜能。为了优化教学效果，教师应营造轻松、愉悦的教学氛围，使学生的心理和师生互动都处于良好的状态，使学生能在积极、健康的情绪中学习。

教师要恰当地运用教学语言。首先，教师要注重自己的体态语，不能给学生造成压迫感。教师在教学中要避免用过于严苛的神情面对学生，也要规避双手叉腰、双臂交叉置于胸前或者双手撑立于讲桌上等姿势，以免学生产生距离感和紧张感。教师应多用鼓励、肯定和赞许的神情，让学生以放松的状态学习。其次，教师要注意自己的口头语言。教师的口头表达既不能轻浮随便，也不能太严肃。对于后进生和中等生，教师要经常用鼓励和肯定的语言，这有利于这类学生自信心的提升，逐渐提高他们参与课堂的积极性，对于学生错误的回答不能一概否决，更不能嘲讽或者批评。教师要处理好与学生之间的关系，拉近与学生的距离，营造和谐的课堂氛围。

（三）引导学生提出疑难问题

教师要注意培养学生的问题意识，使学生主动学习知识。教师要引导学生主动发现问题、提出问题。

首先，教师引导学生关注问题情境，给学生留下思考的时间。教师如果急于讲解或者提问，会打断学生的思路，无法实现设置情境的初衷。其次，为了提高学生自发提出疑难问题的积极性，教师可建立相应的竞争机制和激励机制，激发学生的竞争意识。例如，教师以已有的学习小组为单位，以小组比赛的方式派代表提出问题，以问题数量和质量为评比标准，给予表现良好的小组学生奖励，既可以是物质奖励，也可以是精神奖励。最后，思想政治教师应结合学生现有思路与呈现的情境，给予学生适当的提示和点拨，如从何种层面、维度去思考问题，情境中的关键点是什么，并对学生进行鼓励和表扬。

三、灵活处理课堂生成性问题情境资源

（一）利用学生的错误回答

虽然教师在备课时已经预设了教学环节、授课内容、教学语言和学生的回答，但是课堂教学具有生成性，教师要合理利用生成性问题情境资源，丰富教学内容，拓展学生思维空间，提高学生学习效果。

当学生答非所问时，教师不能按照自己的思路忽略或急于否定学生的回答，而应根据答案引导全班学生从多角度、多方面去思考问题，训练学生的思维。错误回答暴露得越多，就有越多的机会发现和纠正错误，产生新的学习点。教师应鼓励学生自主质疑，生成问题。教师在教学过

程中的关注点不在于学生被动地接受了多少知识，而在于学生的思维过程，培养学生思维的灵活性。值得注意的是，并不是所有的错误答案都有深入探究的价值，教师要注意判断和甄别。

（二）指导学生提问的方法

为了提高学生提问的质量，思想政治教师可以在教学过程中潜移默化地指导学生提问的方法，也可以在课后进行个别辅导时简单地指导提问的方法。首先，学生提出的问题要具有明确性和关联性。学生所提问题的内容指向要明确，阐述语言要准确，含糊不清的问题易使学生混淆，也会浪费太多的课堂时间。同时，学生所提问题要与教学内容密切相关，不可天马行空，离题太远。教师要帮助学生了解提出问题的切入点，围绕教材内容，从身边实际出发提问。其次，提问的方式多种多样，学生要根据实际情况选择提问方式，如直问式和曲问式、正问式和逆问式、反话式和反诘式等。教师可以充分启迪学生的思维。例如，有学生针对"正确的知识来源于实践"提出："难道错误的认识就不来自实践吗？"学者张彩云提出了一些指导学生提问的方法，例如，教师要以身作则，提高所提问题的质量；不断打破学生的认知平衡，设计各种活动和练习，如模拟记者招待会、自问自答，让学生在不断练习中提高提问能力；设置激励机制，每周评出最佳提问能手，并记入个人学习档案。

第二节　高中思想政治教学中议题式情境创设方法

议题式教学是课程改革提倡的一种在高中思想政治学科中使用的教学方法。在该教学方法具体实施过程中，议题式教学效果主要受教师议题式教学能力、学生参与议题式教学能力、议题式教学资源开发等因素影响。笔者主要从更新教学理念、提升议题式教学素养、优化高中思想政治议题式教学实施流程、加强高中思想政治议题式教学资源开发与利用等方面提出高中思想政治议题式教学的优化策略，以提高教师教学能力和思想政治学科育人效能，培育学生的思想政治学科核心素养。

一、更新教学理念，提升议题式教学素养

教师的素质是影响思想政治课教育效果的重要因素。在高中思想政治课中实施议题式教学，教师需要不断更新教学理念，在用好教材、尊重学生主体地位、提升议题式教学素养等方面下功夫。

（一）用好教材

部编版高中思想政治教材最大的特点是素材新颖，贴近时代，贴近学生生活实际；教材内容专业性强、学理性强。教师要用好教材。

1.以教材为主，选取教学素材

部编版高中思想政治教材中"探究与分享""相关链接""综合探究"等内容都是从党和国家近年来取得的显著成就、经济发展面临的典型问题、社会生活的热点话题中选材、汇编的。一线思想政治教师可以直接将教材中的素材拿来使用，既方便教学，又使教学中使用的情境、议题设计更具权威性和可操作性。如在必修2《经济与社会》第三课第二框

"建设现代化经济体系"中，"探究与分享"直接给学生展示了我国在制造业发展中取得的成就，并阐述了我国在自主研发能力、高新技术密集型企业、产品的科技含量等方面存在的不足，为导入"建设现代化经济体系的必要性"奠定基础。这则材料看似短小，实则内容丰富。教师可以结合材料为学生直观展示与文字相关的图片，让学生提取材料中的关键信息，在议题活动中总结我国制造业发展的问题，结合本学科已有知识和跨学科相关知识，简要阐述我国该如何解决这些问题。这个议题导入活动既能够锻炼学生思维能力、知识运用能力，培养学生的思想政治学科核心素养，又能让课堂快速进入情境，进而通过小组合作顺利得出"建设现代化经济体系的必要性"的结论以及经济高质量发展中实现制造业转型升级的相关举措。

2. 提高使用教材能力

教师要由"教教材"向"用教材教"转变。在使用部编版高中思想政治教材时，很多教师会发现原本高中思想政治实验教材上的重点知识被部编版教材用一句话进行了高度凝练，高中思想政治实验教材中的一些含义、概念被部编版教材用描述性语句进行概括，这些是部编版教材编写的又一特点。在议题式教学中，教师尤其要注重教材内容的使用，强化议题功能，着重培养学生运用所学知识解决现实问题的能力，培养学生将非学科话语转变为学科术语的能力。在议题的讨论和总结过程中，教师引导学生从印证教材观点转变为用教材知识辨析、解决问题，增强教材理论的实践功能。尤其是在必修2《经济与社会》的教学活动中，教师要通过情境创设，让学生结合对生活中经济现象的体验，并结合党和国家发展需要，不断增强对经济现象的理解、阐述以及辨析能力，实现理论源于实践、现于教材、融于生活的能力培养全过程，培育学生的核心素养。

（二）尊重学生主体地位

马克思主义最本质的价值追求是实现人的自由而全面的发展。高中思想政治议题式教学将尊重学生主体地位贯穿教学的准备、实施、反思全过程，落实立德树人，不断提高培育学生学科核心素养的有效性。教师在议题式教学中要更新教学理念，始终把尊重学生主体地位摆在首位，从学生的成长规律、认知发展规律和发展需要角度对教学任务进行总体把握。

1. 合理设置教学难度

"议"是议题式教学的核心，思维以发现问题为起点，以解决问题为终点。教师遵循学生成长规律，合理设置教学难度，要根据学生认知能力的发展情况，设置议题和教学环节，并结合教材进行教学内容的安排，做到教学层层递进，将学科任务划分为低阶学科任务、中阶学科任务和高阶学科任务三个层次。高中生在已有的实践能力和认知能力基础上，已经具备了一定的抽象思维能力和理性认识能力，能够对教材中的描述性概念进行初步理解及运用。教师在设置议题、设计议题活动时，要深入浅出，以议题为主线，将教学任务序列化组合，将"议"的重点集中在极具思维冲突或者需要逻辑分析的问题上，充分发挥议题活动的功能，强化学生思维能力。

2. 合理设置教学重点

教师要遵循学生认知规律设置教学重点。思想政治课贯穿大中小学各阶段，部编版高中思想政治教材的编写遵循了纵向主线贯穿、循序渐进的原则。教师在课堂教学过程中，要有所侧重地设置教学重难点，对学生在初中道德与法治课程中已掌握的知识进行简化处理，针对学生已掌握但要在高中深化理论逻辑和实践逻辑思考的知识，教师要设计议题活动，让学生运用已有初中知识，结合社会实践背景进行合作探究、小组辩论，培育学生思想政治学科核心素养，并为学生下阶段思想政治理论课的学习打下坚实基础。

3. 合理设置教学任务

教师要考虑学生终身发展的需要设置教学任务。高中思想政治教师要着眼于世界百年未有之大变局以及党和国家发展事业全局，满足学生的终身发展需要，培养担当民族复兴大任的时代新人。在议题式教学的全过程中，思政课教师要侧重培养学生正确的思维方式，使学生树立正确的价值观。教师在议题设计、情境创设中要善于引导学生抓住重点，理性认识世情、国情、民情；在议题活动中既要讨论问题，又要讲清成绩，引导学生正面思考，深刻认识新时代党带领中华民族发生的历史性变革和取得的历史性成就，使学生树立正确的国家观、历史观、民族观；在总结、评价时，要兼顾统一性与多样性，既强调基本观点的正确性，也鼓励学生从多角度认识问题，形成创新思维、辩证思维，引导学生用马克思主义的立场和观点分析问题、解决问题。

（三）提升议题式教学素养

培养社会主义建设者和接班人，需要教师既精通专业知识，做好"经师"，又涵养德行，成为"人师"，努力做"经师"和"人师"的统一者。高中思想政治议题式教学呈现出侧重价值引领性、学科综合性和议题设计的开放性与思辨性的特点，这对高中思政课教师素质提出了更高要求。思想政治教育者的素质主要是指教育者履行职能必须具备的思想、政治、道德、知识、能力等各方面基本条件的总和。高中思想政治教师要理想信念牢固、知识储备扎实、教学能力过硬，主动提升议题式教学素养，实现终身学习。

1. 坚定理想信念，锤炼高尚品格

价值引领是高中思想政治课要达成的首要目标，议题式教学要通过

议题的设计、活动的开展，在师生互动、生生交流中，形成共同的价值认同。其中，教师的主导性是关键，教师对马克思主义的信仰、对社会主义和共产主义的信念尤为重要。思政课教师要不断深化政治认同，坚定理想信念，筑牢从教信念、学科信念的精神防线，做到"在马、信马、言马、行马、用马"，用党的最新理论武装头脑，将党和国家发展的最新成就作为议题活动素材，用鲜活、生动的话语感染学生，在开放的氛围中引导学生破除错误思想，培养学生辩证思维，增进学生政治认同。

立德树人是社会主义教育的根本任务，高中思想政治课程是立德树人的关键课程。思政课教师的高尚品格和真挚情怀，是增强课堂亲和力和育人效力的重要因素。思政课教师要胸怀天下、心系家国，在党和人民的伟大实践中，感悟时代变迁，体会社会脉动，汲取授课灵感，丰富育人思想。用高尚的品格感染学生，将爱国情、报国志融入课堂点滴，在学生心底种下真善美的种子，做学生真正喜爱的老师。

2. 拓宽知识视野，丰富知识储备

高中思想政治课具有综合性，基于议题式教学的高中思政课更强调教学活动的开放性。部编版教材必修模块和选择性必修模块，知识容量大、内容广泛，这就要求教师拓宽知识视野，既要扎实掌握科学社会主义、政治经济学、政治学、哲学、文化学、法学、国际政治与经济、逻辑学等知识，又要广泛了解其他人文社会科学以及自然科学的知识。思政课教师还要具有广阔的国际视野，将国外的重点事件融入课堂教学，不断增强学生的辩证思维能力，培养学生的科学精神。开放性的课堂是学生的主场，在议题讨论中，学生思维活跃。教师既要通晓古今中外知识，又要充分利用智慧课堂技术手段、翻转课堂的教学模式，充实课堂教学知识，提升课堂教学思维深度，在鉴别、纵横比较中，讲清道理。

3.融通不同方法，提高专业能力

议题式教学的实施流程既要以课堂教学为载体，又依托活动设计。议题式教学要综合运用各种教学形式，融合讨论教学法、情境体验法、讲授法、问题教学法之长处。这对教师专业能力提出了严格的要求。在进行课堂讲授时，教师要注重教学重难点的把握，有所侧重，用理论说服学生。在组织小组讨论、情境展示、课堂辩论、课堂总结等环节时，教师要提高组织能力和应变能力，主动引导课堂活动方向正确，同时注重启发式教育，引导学生在活动过程中不断主动思考、主动解决问题。总之，教师要不断丰富教学手段、方法，提升课堂品质和育人功能，在课堂上、活动中实现学生知、情、意、行的统一。

二、优化教学设计，提高议题式教学可接受度

高中思想政治教师更新教学理念，提升议题式教学素养，归根到底要为议题式教学实施服务。优化议题式教学实施流程，符合活动型学科课程构建的要求，贴合《普通高中思想政治课程标准（2017 年版 2020 年修订）》和《中国高考评价体系》精神，能够有针对性地提高学生的课堂参与能力和合作探究能力，有利于增强议题式教学实效性，彰显高中思想政治课程的育人价值。优化高中思想政治议题式教学设计，主要从教学目标设置、议题设计等方面展开。

（一）教学目标设置贴合核心素养培育

教学目标是教师根据课程标准、教学内容、学生情况，对课堂教学任务的预判，在教学活动实施中起主导性作用。教学目标既要体现课程内容的重难点，又要体现教师对学生在任务驱动下学科能力和核心素养的培养情况。高中思想政治议题式教学目标要突出思想政治课在立德树人中的关键地位，回答"培养什么人、怎样培养人、为谁培养人"的问

题。结合《普通高中思想政治课程标准（2017 年版 2020 年修订）》和《中国高考评价体系》的要求，议题式教学目标设置要从以下几个方面着手。

1. 凸显核心价值和学科素养

讲好思政课要坚持价值性与知识性统一，要着力增强思想政治课的思想性。议题式教学是高中思想政治课堂教学改革的着力点，要以核心价值和学科素养培养为主要教学目标，彰显高中思想政治课程的育人属性，着力培养学生面对问题情境时的正确情感、态度、价值观和解决问题的综合能力。凸显核心价值和学科素养在教学目标设置中的重要地位，有利于让学生树立正确的政治立场和思想观念，坚定理想信念，锤炼品德修为，进而实现学生终身发展，提高学生服务国家和社会的能力。明确教学目标有利于强化思想性和价值性，议题设计、情境设置、议题活动和活动评价应紧紧围绕教学目标展开，为优化议题式教学实施流程奠定坚实基础。

2. 重点强化学生学科关键能力

教师要以培养学生学科关键能力为重点，提高学生运用学科相关知识高质量解决问题的综合能力。教师在设置议题式教学目标时，要厘清议题活动的任务指向，为培养学生的综合能力服务。要坚持定量与定性相结合原则，使教学目标符合学生认知发展水平和已有能力，确定适当的"最近发展区"，通过不同的议题活动，循序渐进地培养学生的学科信息获取能力、公共实践参与能力、逻辑思维能力等关键能力，并将关键能力培养目标落实到活动评价过程中，列出学习任务清单，随堂检验。

3. 夯实学生必备知识的学科根基

教师在设置教学目标时，要以必备知识为基础，强化学生对基本概念的掌握。议题式教学的实施离不开对基本概念的掌握，重点是综合运用基本概念和基本原理。部编版教材多用描述性语词进行基本概念的阐述，这就对教学目标的设置产生导向作用。因此，议题式教学目标的设置要强化必备知识的支撑性作用，强调学生在知识体系中体会基本概念，在公共实践参与中感悟基本概念的实践意蕴。

（二）议题设计坚持开放性与引领性统一

议题重在"议"，既要引发学生思考，又要展示价值判断的基本观点。针对课程标准对议题的要求以及议题式教学中出现的议题缺乏开放性的问题，主要从以下三个方面对议题进行优化设计：

1. 增强议题开放性

在议题设计中，要注重以社会热点事件为背景，凸显思维冲突，也可以选取具有跨学科特点的延伸性材料，增强议题可议性。将纯知识性问题设置为议题，会让学生思维僵化，丧失学习的主动性，不能真正提升学生学科核心素养。开放性议题是提升学生课堂兴趣的关键，教师可将社会热点引入课堂，通过序列化设问和结构化讨论，使学科知识回应社会热点，实现知行有机统一，既满足学生求知欲，也能够有效彰显思想政治学科的价值和魅力。作为连接所学知识与现实社会的纽带，开放性议题具有沟通理论与实践作用。在开放性议题下，课堂呈现出想讨论、敢讨论的良好氛围，学生在讨论中会主动将理论探究与社会实践紧密结合，通过分析社会热点明辨核心价值，在新知识的生成与应用中，培养科学精神、公共参与等学科核心素养，使学科理论与核心素养内化于心、外化于行。教师在进行议题选取时，要充分考虑学生的选科背景，提出有针对性的、具有跨学科特点的开放性议题。在此类议题下，学生课堂参与度会进一步增强，在议题活动中能够熟练运用其他学科知识作为论据支撑论点，思维严谨性不断强化，学科综合能力、思维能力显著提高，满足其终身发展的需要。

2. 彰显议题引领性

思想是行动的先导，议题承载着展示价值判断的基本观点的功能。在《普通高中思想政治课程标准（2017年版2020年修订）》提供的必修课程教学提示中，绝大多数议题具有明显的价值引领性。这就要求教师在选取议题时既要注重选材的开放性，又要彰显价值引领性。通过总结近年来的高考试题不难发现，非选择题设问的价值引领性不断增强，这完全符合社会主义教育立德树人的根本任务。在选取议题时，教师要从新时代中国共产党领导中华民族取得的伟大成就中汲取力量，从中华民族五千多年优秀传统文化中汲取养分，深化对历史逻辑、理论逻辑、实践逻辑的有机统一的理解，使学生坚定理想信念，增强文化自信。

3. 合理设计总议题与子议题

议题既承载着学科知识，又彰显价值引领；既凝结着核心观点，又要激发学生兴趣。总议题与子议题的设计在议题式教学中起着至关重要的作用。《普通高中思想政治课程标准（2017年版2020年修订）》以议题的方式展现课程内容，议题主要以"为什么""怎样""如何"等为设计方式。以此为参考，教师在设计总议题时可遵循课程标准中的设计原则，通过设问的方式增强课堂活动任务的吸引力，增强学生参与议题活动的兴趣。在设计子议题时，教师要遵循学生的认知逻辑、实践逻辑、教材的知识逻辑，坚持循序渐进、层层深入的原则，在任务驱动下完成对学科知识的构建和学科素养的培育。

例如，在讲授"发展中国特色社会主义文化"一课时，教师可设计总议题"电影创作靠什么"，子议题"当前电影市场的铜臭与清香""电影创作的灵感来源""电影事业发展的勇气"。总议题"电影创作靠什么"，符合学生的社会实践背景，能够激发学生参与课堂的热情，不同学科背景的学生均有可说、可议的内容。子议题"当前电影市场的铜臭与清香"符合学生的认知逻辑，分析我国电影事业发展取得的成就和当前电影行业发展中暴露的问题，能够引导学生形成科学精神，辩证看待电影行业的发展状况。子议题"电影创作的灵感来源""电影事业发展的勇气"符合教材知识逻辑，在议题活动中，学生能够认识到文艺创作要讴歌时代，讴歌人民的伟大实践，进而深刻领会习近平文化思想的丰富内涵，增强文化自信，牢固树立建设社会主义文化强国的坚定信心。

三、加强教学资源开发利用，助力议题式教学

高中思想政治课程实施要充分利用新技术、新手段，拓展教育资源。议题式教学在议题设计、议题情境创设、议题活动实施、活动评价等方面都要依托丰富的教学资源。在开发利用教学资源时，要紧密结合议题式教学的特点，注重整合教材内容、结合时政热点，以学生为主体，不断提升议题式教学的实效性。

（一）整合教材

随着 2019 年部编版高中思想政治教材投入使用，我国已经全面构建了由国家教材委员会统编统审的大中小学思想政治课程教材体系。2021年秋季学期，《习近平新时代中国特色社会主义思想学生读本》作为必修教材进入中小学课堂。高中思想政治教师在实施议题式教学时要特别注重整合不同学段、不同教材的资源，以符合学生成长规律，减轻学生学业负担，满足学生发展需要。

1. 深度把握大中小学思政课一体化

教师要纵向把握大中小学思政课一体化中的内容交叉点。思想政治教材在编写时就遵循学生成长规律，坚持普遍性与特殊性相统一的基本原则，对于习近平新时代中国特色社会主义思想、社会主义核心价值观、生产力与生产关系、中华优秀传统文化等内容，各阶段教材均有所涉及，但教学内容侧重点各不相同。教师在设计议题式教学目标时要充分利用

学生已有知识，将教学重点从基本概念的阐述转移到从不同视角深化对学科知识的把握以及对相关概念的延伸上，做好各学段教学目标的有效衔接。在议题活动时，教师要唤起学生对初中所学知识的记忆，并鼓励学生在真实情境中运用已有知识进行生成性的自主探究。如在"文化的传承与创新"教学时，教师要在学生初中所学中华优秀传统文化、革命文化、社会主义文化等基本概念的基础之上，让学生通过2008年北京奥运会开幕式、《长津湖》、《雷锋日记》、2022年北京冬奥会开幕式等素材感悟不同时期产生的不同优秀文化对当今社会发展起到的作用，进而深化对中国特色社会主义文化的内涵与发展的认识。

2. 深刻理解高中思想政治教材体系

教师要横向把握高中思想政治教材体系。当前高中思想政治教材已形成由《习近平新时代中国特色社会主义思想学生读本（高中）》、必修四本教材、选择性必修三本教材以及选修教材构成的教材体系。各模块相互独立，又紧密联系，是部编版高中思想政治教材的一大特点。高中思想政治议题式教学在议题设计时可利用这一特点，将不同模块教材知识穿插起来，让学生做到温故知新，进而深化学生对教材内容的理解。如在必修1《中国特色社会主义》综合探究一中，结语讲到了生产力与生产关系、经济基础与上层建筑的矛盾运动，学生对这一理论的认识形成于必修1中社会形态的演进。但基于学生的认知发展规律，学生可能对"人类社会基本矛盾运动"这一教学难点仅停留在识记阶段。必修4《哲学与文化》第二单元"认识社会与价值选择"，又从社会历史观角度深入讲解了人类社会发展的规律。在这单元议题活动时，教师可以让学生通过思考必修1中不同社会形态的出现与灭亡，加深对两本教材内容的理解，既复习旧知，又增进政治认同，增强辩证看待人类社会发展的科学精神。

3. 坚持以课程标准为纲，用好教材

教师要依据课程标准用好教材。高中思想政治教材是依据课程标准编写的，反映新时代中国特色社会主义各方面伟大成就。教材凸显政治引领，坚持贴近时代、贴近学生的原则，汇集了广大专家、学者的智慧，可读性、可操作性较之前教材有了显著增强；教材凸显议题式教学特点，每课内容围绕课程标准中的内容要求与教学提示进行编排，为议题式教学直接提供素材。教材由"探究与分享""相关链接""专家点评""综合探究"等内容构成，其中内容或是党和国家取得的重大成就，或是马克思主义经典著作原文，或是党和国家领导人的讲话原文，这些内容兼具时代性、权威性与典型性。从素材思维容量上看，教材符合议题式教学活动设计循序渐进的基本原则，又有一定的思考性问题，特别适合作为议题情境创设和议题活动开展的素材。教师要用好教材，不断深入挖掘教材内容，既增强课堂教学的权威性与典型性，又有利于提高议题式教学的课堂效率。

（二）结合国家和社会热点

高中议题式教学的开放性与引领性相统一，要求教学资源的开发反映时代、回归现实，结合时政热点和社会热点，既彰显议题式教学的政治引领力，又能激发学生兴趣。

1. 紧跟时代发展潮流，关注国家政治生活

高中思想政治课程与时事政治教育相互补充。面对世界百年未有之大变局以及我国综合国力不断增强的形势，议题式教学要充分利用党和国家重大事件、当地红色文化、先锋楷模人物等资源，用习近平新时代中国特色社会主义思想铸魂育人，增强学生的"四个自信"（道路自信、理论自信、制度自信、文化自信），让学生在学、思、践、悟中厚植爱国情怀，将个人梦想融入国家和民族的伟大梦想之中，努力培养能够担

当民族复兴大任的时代新人。教师要以正面教育为主，借助"学习强国"等主流媒体平台，通过介绍习近平总书记的考察足迹、重要讲话内容等方式，将党的最新理论成果带进课堂、讲进学生头脑；要充分利用当地红色文化资源，通过集体研学、参观学习、组织"我是讲解员"活动等方式加强学生沉浸式体验，让学生走进社会大课堂，体会身边的党史，增强历史自信；要充分挖掘国家勋章和国家荣誉称号获得者、时代楷模、优秀共产党员等先锋楷模的典型事迹，强化榜样示范作用，让学生在议题活动中深入了解先锋模范事迹并结合自身实际进行学习、体会，深化学生政治认同，增强学生积极参与全面建设社会主义现代化国家的热情。如在讲授必修1第四课第二框"实现中华民族伟大复兴的中国梦"时，教师可以设置"请党放心，强国有我"的子议题，让学生感悟青年学子的蓬勃朝气与向上力量，并引发学生思考"我能为祖国的发展做出什么贡献"的问题。此教学资源的开发符合社会主义核心价值观的要求，既凸显核心价值与学科素养，又是在真实情境中进行的议题活动，还可以激发学生的发展潜能，使学生确立发展目标并为之奋斗。

2. 映射社会生活热点，于细微处明真理

议题式教学强调通过真实、复杂情境的创设，将学生置于多主体、多因素交织的案例之中，因此议题式教学资源的开发要贴近学生生活，反映社会热点事件，引导学生提升公共参与的学科核心素养。在真实、复杂情境中，学生难免遇到两难或者思维冲突情况，这是议题式教学思辨性的具体要求，也是学生提升活动兴趣、增强辩证思维和科学精神、提升高阶思维能力的过程。例如，在讲授必修3《政治与法治》中"基层群众自治制度"时，教师选取议题"老旧小区改造的喜与忧"，设置真实、复杂的情境"你家所在的老旧小区加装电梯，会给你带来哪些影响？你该如何处理？"在议题活动中设计社区工作人员、小区居民等若干角色，让学生针对问题进行讨论、探究："加装电梯对不同楼层的居民会产生哪些影响？你是否同意加装电梯？作为社区工作人员，你该如何进行矛盾调解，加速推进老旧小区加装电梯工作？"这一情境来源于生活实际，是很多家庭可能面临的难题，学生在讨论中，既能够从彼此角度考虑他人利益，形成正确的价值观，又能认识到民主协商对基层社会治理的重要意义，还能加深对社区工作人员工作的理解和支持，实现了在思维的碰撞中加深对学科知识的理解与认同，增强了利用学科知识解决生活中实际问题的能力，进而形成对基层社会治理的高度认同，增强多维度参与基层社会治理的能力。

（三）贴合学生认知发展实际

议题式教学的参与者、实施者是学生。教师要牢牢抓住学生的心理动态，让学生积极参与"议"的过程，需要有符合学生认知水平和心理特点的教学资源，使教学贴近学生成长，增强议题式教学的亲和性和针对性。

开发利用议题式教学资源要结合学生社会实践活动。将学科理论转化为公共参与能力是思想政治学科核心素养的要求之一，教师要利用好学校社团、所在地区相关部门开放日等活动，在与社会实践的结合中开发议题式教学资源，使教学资源贴合学生实际，在丰富的实践中彰显议题式教学的理论魅力，在严密的理论中提高学生的公共参与能力。议题式教学资源可以通过学校组织的模拟联合国、模拟法庭、模拟政协委员和小小人大代表等活动进行开发，学生能够在切实参与建言献策、基层立法联系、诉讼案件审理、国际事务谈判协商等实践中，增进认同，拓展思维。以此为教学资源的议题式教学不仅能够增强学生参与课堂活动的积极性，也可以达到开阔学生视野的目的，增强学生在分享自身社会实践体验、积极参与课堂活动过程中的获得感和成就感。

开发利用议题式教学资源要符合学生心理发展特点。学生在高中阶段的心理发展呈现出从经验向理论转化的特点。在这一阶段，学生已经对社会生活有很大一部分感性的具体认识，因此教师在选取教学资源时，要找到一个思维起点，使教学资源既贴合学生实际，又能促进学生高阶思维能力的形成。教师要多了解学生的兴趣爱好、生活经验，在与学生交流、谈话中寻找情感共鸣点，推动教学开展，提升议题式教学资源的有效性和可操作性。

开发利用议题式教学资源要坚持批判性与建设性相统一的原则。随着信息社会的发展，学生了解信息的方式、渠道更为多元。网络上良莠不齐的思想、行为层出不穷，这会对学生心理产生一定影响。在议题式教学资源的开发利用中，教师可以选取反面资源，勇于揭露错误思想、错误行径，引导学生明辨是非，用中国发展的伟大成就捍卫真理，用新时代中国特色社会主义所发生的历史性变革增强学生的"四个自信"，引导学生形成正确的世界观、人生观、价值观。例如，在讲授必修4《哲学与文化》"实现人生的价值"时，教师可以结合一些明星违反国家法律和违背公序良俗等行为，安排"什么才是真正的明星、榜样"这一议题活动。在活动中，教师可以让学生说出他们喜欢的明星，并按照一定标准将这些明星分类，让学生谈谈他们身上哪些闪光点值得学习，再谈谈如果明星"塌房"，自己内心情感会发生哪些变化。依托这一教学资源创设的议题情境能够在很大程度上提升学生兴趣，使学生在总结、归纳中筑牢理想信念，在对比中形成对事物的正确认识，在比较中深化理论认同，进而引发学生在情感上的共鸣，加强对学生的价值观培育，在学生心里种下真善美的种子。

第三节 高中思想政治教学中生活化情境创设方法

一、情境引入，感知生活

生活中有丰富而精彩的课程资源。教师要把生活资源引入课堂，从学生生活入手，以生活现象为导向，让学生充分感知生活。教师要从学生的生活实际出发，有目的、有意识地寻找教材内容与生活的结合点，设置生活化教学情境，让学生感知生活，体会生活处处有知识。

第一，走近学生，了解学生。学生具有主观能动性，有多方面的发展需要，是学习活动的主体。从科学世界向生活世界回归，尤其是向学生生活世界回归，是教育发展的基本趋向。教师要充分利用课余时间走近学生，了解他们的真实想法，关心他们的日常生活，把学生的资源转化为第一手的教学资源，这是教学回归生活的起点。一次，笔者提前了几分钟进入教室，发现一群学生在一起热火朝天地议论什么。笔者走近一听，发现原来学生在热议当时很火爆的韩剧。笔者发现学生与自己有着共同的爱好，就加入了他们的行列，一下子就拉近了师生的距离。在课上，笔者就以刚才的话题作为导入，设计了这样的问题情境："韩剧带给我们什么？以《来自星星的你》为例。"学生马上就兴奋起来，争先恐后地回答。学生甲说："剧中的服饰全球热卖。"学生乙说："炸鸡加啤酒流行起来了。"学生丙说："韩国烤肉店多了。"接着笔者进行了简要的总结："的确，一部电视剧不仅带动了相关产业的兴起和复苏，还影响到了我们生活的点点滴滴。这足以证明，文化对我们的影响是巨大的，也是多方面的，不仅影响了服装业、餐饮业等宏观领域，也影响到个人的衣、食、行等微观层面。"课堂就这样顺理成章地进入当天复习的课题——

《文化与生活》第一单元。

第二，关注时事，与时俱进。教师，尤其是高中思想政治教师，必须紧跟时代的步伐，以敏锐的洞察力把握时代的脉搏。教师既要关心国内外重大新闻，又要关注当代中学生关切的日常生活，如菜价、衣着；既要考虑教育的现实意义，又要兼顾学生的兴趣点，还要注意平时的积累。例如，在"走进国际社会"这一课教学时，笔者以当时的时事热点"习近平主席的欧洲之行"为背景，设计了几个问题情境：通过"习近平主席对荷兰、法国、德国、比利时进行国事访问外，还出席了第三届核安全峰会，访问了欧盟总部"，引出国际社会的主要成员有主权国家和国际组织；通过"中法两国签订了有关经济、技术和金融合作的 50 个合同，思考法国总统为何如此高规格地款待习近平主席"，引出国际关系的决定性因素是国家利益；最后以中美关系为例得出本框情感、态度、价值观的落脚点——要坚定地维护我国的国家利益。

二、情境分析，探究生活

探究生活就是学生用已有的生活经验和知识，在生活化教学情境中抽象概括出理论知识的过程。探究生活是在感知生活的基础上，用心体验，用心交流，获取知识，提高能力。

第一，要赋予学生更多主动权。只要学生没有偏离主题，没有出现原则性的错误，教师就可以放手让学生自由讨论，交流观点。教师在旁聆听，或参与学生的讨论。通过学生的合作、师生的对话交流，学生自主建构知识体系，从静态的材料和动态的交流中提取有效信息，并将这些信息转换成理论知识。教师要做的是提炼观点，便于学生理解和记忆。例如，在《经济生活》"劳动者应树立正确的就业观"教学中，笔者以"无锡园区—外资企业的招聘启事"设置情境，让学生围绕情境中的 4 种岗位"企划部经理 1 人、技术工程师 2 人、销售人员 6 人、搬运工和保洁员各 10 人"思考:"如果是你去应聘,你打算应聘什么职业?请说明理由。"学生讨论热烈。在相互交流中,学生觉得要顺利就业,就必须树立竞争就业观、平等就业观、多种方式就业观,提高自身的素质。

第二,在探究活动中,必须注重情感、态度、价值观的交流和升华。高中思想政治教育兼具德育的功能,在生活化教学情境的创设和运用中有很多地方值得教师挖掘、利用。例如,在《经济与社会》"树立正确的消费观"一框教学时,笔者预先用相机拍摄了一组学校食堂里学生浪费食物的照片。在课上,笔者用多媒体播放照片后,抛出问题:"这部分同学的行为违背了中华民族的什么优良传统?"学生思考,一会儿回答说:"勤俭节约,艰苦奋斗。"此时笔者发现部分学生惭愧地低下了头。这组照片的运用不仅落实了知识目标,还对学生进行了一次很好的思想道德教育,让学生主动认识到"以辛勤劳动为荣、以好逸恶劳为耻"的社会主义荣辱观的重要意义。

三、情境回归,参与生活

精通的目的全在于运用。回归生活、参与生活,让学生学会用课堂上所学的知识来分析、解决现实生活中的问题,应该是每一位教师创设生活化教学情境的初衷。思想政治学科从学生生活中来,更要到学生生活中去。教师要时刻关注生活中的时事、热点和学生感兴趣的话题,适时将其引入课堂,并将有意义、有价值的问题延伸到课外,将课堂拓展到社会大舞台,让学生融入实践、热爱生活。

陶行知曾对旧教育进行批评,提出"六大解放",强调在学习过程中身体参与的重要性。解放学生的眼睛——使他们从书本中解放出来,让他们去看社会、看自然、看生活;解放学生的双手——使他们闲置的双手动起来,去操作、去实验、去做事情;解放学生的头脑——使他们从"只听不思"中解放出来,开动脑筋,积极思考,学会思考;解放学生的嘴——给他们说的自由，特别是问的自由；解放学生的空间——除了课堂学习，还引导他们走向生活、接触社会、接触自然，给他们广阔的天地；解放学生的时间——不让功课把他们的业余时间填满，给他们活动的自由，把课余时间还给他们。在教学回归生活上，笔者的建议是多鼓励学生参加实践活动，使他们的眼、耳、口、手、脑都动起来。培养学生的实践能力是教学回归生活的落脚点。实践证明，让学生多参加实践活动，不仅符合中学生好奇、爱动的特点，使学生变被动学习为主动学习，真正成为学习的主体，还能激发学生的创造力，提高学生的创新思维能力，使学习真正成为一种有乐趣的活动。基于此，在探究"中华文化——博大精深"时，笔者预先布置了一个任务：让学生利用周末去了解当地的吴文化，如水文化、茶文化、食文化、吴语、吴文学等。经过一个周末的忙碌，学生通过走访、摄影、参观博物馆等多种途径，收集到了大量宝贵资料。一方面，在这次实践中，学生运用已有的知识，体验了研究的过程，学到了课堂中学不到的知识；另一方面，实践的过程增加了学生对家乡的了解，激发了学生对家乡、对生活的热爱。生活是教育的源泉。让思想政治课教学回归生活，从生活中来，到生活中去，这不仅有利于高中思想政治学科的发展，还有助于激发学生学习兴趣，激发学生学习潜能，使学生在生活中增长知识、增强能力，从而实现全面发展。

第四节　高考将如何创设试题情境

高考试题通过创设灵活、新颖的情境，设置开放性问题等方式，突出对学生关键能力、思维过程和思维品质的考查，鼓励学生独立思考、灵活运用、探究创新，运用创造性、发散性思维多角度发现问题、分析问题和解决问题，激发学生的创新意识，注重学生高阶思维能力和创新能力的培养，服务国家拔尖创新人才发展战略。增强情境创设的开放性、探究性和创新性，是本轮高考改革的内在要求，也是未来高考命题的基本方向。具体而言，高考试题情境创设可在以下几个方面下功夫：

第一，高考命题在考查思路上增强基础性，注重对基本概念、基本原理、基本规律以及基本方法等程序性知识和陈述性知识的考查。试题以生活实践或学习探索中最基本的问题情境为任务设置和基本知识、能力运用考查的载体，对考生掌握的学科基本概念、原理、技能和思维方法进行考查，要求学生具备通过一个问题解决一类问题的迁移能力，掌握原理或规律，拥有举一反三的能力。

第二，高考命题充分体现综合性的考查要求，通过创设多条件、多知识点关联的复杂情境，突出考查学科内容之间的内在联系与关键能力的综合运用，要求学生能够综合运用学科知识和思想方法，多角度思考、分析并解决问题，从而进一步引导中学教学重视知识整合，重视在深层次理解的基础上融会贯通，让学生注重知识点的联系，将知识点有机整合成学科整体知识结构，并将其纳入自身的知识体系。

第三，高考试题通过创设情境、设置问题，突出对知识、能力应用的考查，强调学以致用。通过创设真实的生活实践、学习探索等问题情境，将理论知识与实际问题相结合，考查学生整合、运用所学知识、方法分析问题、解决问题的能力，引导学生主动探索解决日常生活、劳动生产、科学研究、国家发展中的各种问题，不断增强实践能力。

第四，课程标准对实验技能和科学探究能力有较高的要求。强化对实验技能和科学探究能力的考查是理科类学科的主要特征之一。强化试题的科学实验性就是以科学实验为载体，创新设问角度，增强试题的基础性、应用性、综合性、创新性，减少"机械刷题"，引导课堂教学提质增效，培养学生科学精神。科学实验任务的完成过程并非单一的思维过程，而是多种认知成分协同作用的复杂思维过程，注重考查学生对基本实验原理的理解、对基本实验仪器的使用、对基本测量方法的掌握和对实验数据的处理能力等。科学实验性试题充分发挥对高中实验教学的积极导向作用，引导教学重视实验探究，引导学生真正动手做实验。

第五，高考命题的理想试题情境一般具有典型性、复杂性、新颖性和结构不良性四个特征。其中，典型性是指情境在真实世界或学习探索中具有代表性，能够充分考查学科核心素养和关键能力，具有可操作性，符合学生认知规律和学科发展规律；复杂性是指情境涉及多种关联活动、多种影响因素、多个参与主体，要求调动多种关键能力；新颖性是指情境是学生未经历过或者真实世界中新出现的、呈现方式少见的；结构不良性是指情境冗余信息较多，隐含信息较多，问题比较开放，结论不设定为唯一，问题解决方案多元。《普通高中思想政治课程标准（2017 年版 2020 年修订）》和《中国高考评价体系》要求高考全面落实情境式命题，材料丰富，情境多元，增强情境的新颖性、灵活性、探究性和开放性。高考命题呈现出"无情境，不成题"的特征。未来具有选拔区分度的试题将在情境创设上下功夫，可能呈现出由简单情境向复杂情境、由熟悉情境向新颖情境、由结构良好情境向结构不良情境转变的趋势。

情境式命题改革的基本原则是减少"裸考"现象，让考查发生在知识生成状态或应用状态的强情境之中，这种命题理念与"无情境，不教学"的教学原则一致。纵观近几年的高考命题，高考试题不断加强理论联系实际，紧密结合国家经济社会发展、科学技术前沿、生产生活实践等，充分考虑学生学习和生活实际，把课本知识与具体真实的世界联系起来，增强试题情境的时代性和实践性，通过复杂文本、实验场景、科技前沿、生产生活等特定情境创设，引导学生在发现和解决实际问题的过程中建构知识、增强能力、提高素养。

需要特别指出的是，教师在平时的教学中，要注意区分强情境和弱情境。强情境是指试题活动场景或背景与考查内容密切相关。如果缺乏相应的情境知识和认知，就会直接影响答题的效率与准确性。强情境的内容在很大程度上决定了解题的方向、思路、过程与结论。弱情境是指活动场景只是一个简单的背景、引子或话题，不直接影响答题的效率或准确性，换句话说，即使抛开情境内容，同样能顺利且有效地答题。

第六章　高中思想政治课应用情境教学法的注意事项

第一节　情境教学法的具体应用

一、情境教学法的教学步骤

在实践中，情境教学法的具体实施过程分为三个步骤：第一步，创设情境；第二步，提出问题；第三步，学生参与。

（一）根据教学目标创设典型情境

创设情境是首要问题，也是情境教学法成功实施的关键。面对浩如烟海的情境信息资源，如何合理筛选呢？笔者认为，情境的创设应符合以下特点：

1. 根据学情选择情境

从总体来看，高中生思想敏锐，能言善辩，反应迅速，但还未完全成熟。就思维品质发展而言，高中生思维有很强的独立性、深刻性和批判性。他们一般不盲从，喜欢探究事物的本质，敢于大胆发表自己的见解，喜欢怀疑、争论，有时好走极端，产生片面性。

什么样的情境是好的情境呢？笔者在教学中，将不同的情境在平行班中进行对比分析，筛选出好的情境。好的情境一定是符合该年龄段学生认知特点的，能使师生产生强烈共鸣，并达到有效辅助教学的效果。教师在课前要充分了解学生，尽可能预见学生的所思所想，根据学情合理安排情境资料的顺序和详略。

以一次校本教材课"财政与发展中的天津"为例，笔者先导入情境："2010 年是中国'十一五'规划的最后一年。在这五年，从国家到地方，我们的生活发生了天翻地覆的变化，我国承办了一系列大型的国际活动，比如奥运会、世博会、亚运会，中华民族向世人展示了中国的强大与魅力。天津是 2008 年北京奥运会的协办城市，2010 年夏季达沃斯论坛在梅江会展中心举行。让我们走进达沃斯论坛的现场，请大家跟我来看一段视频（播放达沃斯论坛开幕式视频）。"然后，笔者引导学生注意该视频中频繁出现的几个关键词：财政收入、财政支出、积极的财政政策等。随后，笔者引导学生学习当天的新课。

在上述案例中，教师以达沃斯论坛在天津召开为契机，利用有感染力的情境导入新课，迅速吸引学生，点燃他们的学习热情，激发了学生为自己是一名天津人而骄傲的情感。本节课一开始就引起了师生的共鸣，师生的互动在和谐的氛围中进行。

2. 根据教材内容创设适当的情境

高中思想政治课程每个模块都有其特点，这就决定了教师要根据教材内容创设适当的情境。

例如，在"哲学与生活"的教学中，为了克服理论的抽象、深奥，有些优秀教师利用了许多浅显、生动的故事和脍炙人口的格言；在"经济生活"的教学中，有些教师利用了富有时代气息的经济新闻，这些新闻能让学生了解经济发展前沿，有利于提高学生参与经济生活的能力；在"政治生活"的教学中，有些教师创设了有关中国共产党的重大方针政策、国内外形势等情境，这些情境将学生带进风云变幻的社会；在《文化生活》的教学中，有些教师通过创设中国古代四大发明、各民族独特文化、当代先进文化等情境，向学生展示了中华文化的底蕴与魅力。

在"意识的本质"教学中，某教师通过创设情境导入新课。教师用多媒体展示材料。

材料一：北京时间 1997 年 5 月 12 日凌晨 4 时 50 分，当"深蓝"将棋盘上的兵走到 C4 位置时，卡斯帕罗夫（Garry Kasparov）推枰认负。至此轰动全球的第二次人机大战结束，"深蓝"以 3.5∶2.5 的微弱优势取得了胜利。"深蓝"是美国某公司生产的一台超级国际象棋电脑，有 32 个大脑（微处理器），每秒钟可以计算 2 亿步。卡斯帕罗夫是人类有史以来最伟大的棋手，在国际象棋棋坛上独步天下。这件事似乎使人类看到了一个不愿看到的结果：人类的工具终有一天会战胜人类。

材料二：罗马科学家普林尼（Gaius Plinius Secundus）曾观察大象在月光下跳舞。最近泰国举行了一系列大象比赛活动，其中有投篮、画画等项目。

随后，教师提出问题："这些是否能说明电脑和大象也有意识？"教师让学生先讨论，然后引出"意识的本质"这一课的主题。通过将电脑、大象和人脑进行比较，让学生理解人的意识是区别人和动物的关键，只有人才能够产生意识。

（二）有针对性地提出问题

一般来说，情境只是载体。有了好的情境，还需要在设问环节下功夫。

"学起于思，思源于疑。"首先，教师要巧妙地设疑，激起学生解疑的欲望，从而促使他们思考。教师在设计问题时，不能让问题过于简单，要让学生经过一番思考并加以自己的理解才能解决。其次，教师提出问题要有针对性，要使问题逐步递进，以利于学生思考。教师应该针对某一具体问题设问，以利于学生将情境和理论相结合。最后，教师提问要有基本观点、基本理论的支撑，即提出的问题要准确、鲜明。在问题的设计上，教师要使问题有深度、有力度，切忌提出那些易使学生进行机械回答的问题。

（三）让学生主动参与课堂教学活动

一般来说，让学生主动参与课堂教学活动对充分调动学生学习的积极性有非常重要的作用。教师的主导作用体现在适时引导学生，充分尊重学生和信任学生，给学生开阔的空间，让学生自己去体验、去锻炼、去收获等。

教师在教学中要力争调动所有学生的积极性，从而让课堂节奏张弛有度、气氛活跃。在情境讨论中，有的学生发言可能会偏离课堂的主题。教师对这种情况要机智、灵活地处理。对学生发言，教师一定要进行评价，并尽可能将学生的发散性答案与书本理论联系起来。例如，笔者在进行"意识是客观存在的反映"这一课教学时，采用了让学生独立思考、体验、发言的方法。

开始，笔者先不做讲述，先用多媒体展示"龙有九似"的典故。学生边看边思索。龙是中华民族的象征，可是地球上从来没有出现过龙，那么龙的观念是从何而来的呢？

学生展开了热烈的讨论和发言。有的学生说："龙是蛇。"有的说："龙身上有鱼鳞。"也有的说："龙有鹿角。"

学生完成讨论后，笔者做出引导："为什么龙身上有许多'好像'

呢？"学生异口同声地说："龙是综合性的东西。"

随后，笔者进一步引导学生认识到，龙是综合性的观念产物。龙的观念最早产生于原始社会的图腾崇拜。当时人们为了表明自己祖先的强悍，就从他们日常所能接触的各种动物身上择取其优，逐步创造了龙的形象。

最后，笔者进一步引导学生思考。据李时珍《本草纲目》记载，东汉人王符曾指出龙有九似：头似驼，角似鹿，眼似兔，耳似牛，颈似蛇，腹似蜃，鳞似鲤，爪似鹰，掌似虎。它能在天上飞，在地上跑，在水中游。就龙的整体来说，它是超现实的，但就其各个部分来讲，又都能从客观现实中找到它们的原型。由此可见，龙的观念是人们对客观存在的一种反映，是"拼凑"而成的虚假、歪曲的反映。

总之，在学生参与的课堂中，学生收获很多，有独立思考、体验、发言的锻炼机会。

二、"情境创设七法"在高中思想政治课中的运用

实践证明，情境创设在高中思想政治课中起着举足轻重的作用。通过多年的教学研究，笔者总结出高中思想政治课中的"情境创设七法"。

（一）合理利用时政热点创设情境

时政热点与课堂紧密结合是思想政治课的一大特点。课堂教学紧密贴近时代，会赋予课堂浓厚的时代气息。高中思想政治课的每一个模块，都可以用时政热点来辅助教学。

1.关注时政热点

教师需要不断提升自己的业务能力，定期给自己"充电"，密切关注时政热点，关注党的重大方针政策和国内外大事。由于时政热点的时效性强，所以教师要及时更新自己的备课资源。

2. 筛选和取舍

面对众多的时政热点，教师在备课环节要进行精心设计，对材料进行筛选和取舍。教师充分运用电视、网络、报刊等媒体的信息资料，拓宽学生视野，培养学生理论联系实际的能力和分析问题、解决问题的能力。情境可以通过多媒体、学案等呈现。

例如，在教授"多变的价格"时，教师围绕当时社会上的绿豆、大蒜、姜的价格居高不下这一话题，汇总了几则材料，以学案的方式创设情境，并引导学生对该问题从多方面进行分析。最后，学生自己总结出影响价格的因素有两个：供求和价值。

又如，教师在讲授"我国的民族区域自治制度"时，播放了一段反映西藏自治区成立以来发生的变化的视频。学生在观看视频时身临其境地感受到民族区域自治制度的优越性。

大量的实践证明，教师将时政热点引进课堂，能够拓展教学空间，丰富教学内容。

（二）合理利用寓言故事、名言等创设情境

在高中思想政治课教学中，合理利用寓言故事、警句、谚语、诗词等创设情境，既能避免空洞说教，又有很强的说服力。

1. 利用寓言、典故培养学生的思辨能力

在我国源远流长的灿烂文化中，寓言和典故是两朵闪烁着中华民族智慧的奇葩，是中华文学宝库中重要的一部分。寓言和典故以短小精悍的形式，记载和阐释了丰富而深奥的道理，其简明、生动、通俗易懂、幽默风趣以及极具讽刺意味的语言发人深省，启迪智慧，给人们日常生活以启示，成为深受人们喜爱的文学形式。中国有许多广为流传的寓言、典故，如曹冲称象、草船借箭、刻舟求剑、愚公移山、南辕北辙、亡羊补牢、东郭先生和狼、滥竽充数、杞人忧天、叶公好龙等。在教学中，

教师恰当地利用一些寓言和典故创设情境，能够加深学生对所学内容的理解，培养他们的思辨能力。

例如，在"价值观的作用"教学中，教师用幻灯片展示寓言故事"子罕不受玉"的内容。有个热衷于阿谀奉承的宋国人弄到了一块未经雕琢的璞玉，献给子罕。子罕不要，说："你把这块玉看作宝贝，而我以不贪为宝。"教师继而引导学生对该故事进行分析。最后教师总结：不同的价值观对人们认识世界和改造世界、对人生选择和人生道路有重要的导向作用。他们的价值观不同，宋国人把这块玉视作宝贝，而子罕则把严于律己、不贪污受贿视作珍宝。

笔者结合教材内容，对中国的寓言、典故进行了搜集和汇总，并将一些寓言、典故运用到教学中，让课堂教学变成了寓教于乐的师生互动过程。

2. 利用名言激发学生学习兴趣

教材讲述的概念、原理一般比较抽象，为了激发学生的学习兴趣，笔者在教学实践中引用了一些名人名言。例如，在讲授"哲学是指导人们生活得更好的艺术"时，笔者适时引用马克思、钱学森、童第周、爱因斯坦等名人的名言，这些经典语录让初涉哲学殿堂的学生对哲学肃然起敬，使学生对学习哲学产生了浓厚的兴趣。

3. 利用格言、成语培养学生的知识应用能力

学习的最终目的是学以致用。例如，在学生掌握了哲学的基本原理后，为了提升学生分析问题的能力和知识应用能力，教师可以利用格言、成语进行教学。如种瓜得瓜，种豆得豆（事物的发展是有规律的，联系具有客观性）；橘生淮南则为橘，生于淮北则为枳（矛盾具有特殊性，联系和发展具有普遍性）；水滴石穿，绳锯木断（量变能够引起质变）。当学生能够用所学知识正确分析这些格言、成语时，他们的感性思维就

实现了向理性思维转化的飞跃。

（三）合理利用漫画创设情境

兴趣是最好的老师。高中思想政治教师利用漫画创设情境，能有效调动学生积极性，缓解教学环节中学生的紧张和疲劳，引人入胜。漫画具有形象、直观的特点，人们往往借助漫画传达思想、情感。笔者在日常的学习、生活中收集了形式多样、寓意深刻、格调高雅的漫画，同时挖掘其与教学内容的相关点，对与高中思想政治课教学相关的漫画进行标记、编号。笔者搜集的漫画涉及政治、经济、哲学等领域，并在课堂上使用。出于主客观条件的限制，笔者展示漫画的方式以传阅、幻灯片投影为主。

在讲授"坚持唯物主义"时，教师用投影打出漫画《只要闭上眼睛，世界上就没有什么悬崖》，并引导学生结合漫画了解贝克莱（George Berkeley）的观点。贝克莱（1685—1753）是英国的著名哲学家，是一个典型的主观唯心主义者。他提出"存在即被感知"。这句话的意思是，外界事物就是我的感觉，离开了我的感觉，世界上就没有任何存在。漫画形象地揭示了主观唯心主义者贝克莱的理论是多么不切实际。这幅生动形象的漫画使学生大发感慨："如果像主观唯心主义者贝克莱那样行事，只能掉下悬崖，粉身碎骨。"漫画也告诫大家：在生活中，应坚持唯物主义，反对唯心主义。

在讲授"高风险、高收益同在——股票"一课时，为告诫学生股票有风险，入市须谨慎，笔者用投影展示了三幅漫画。漫画一：年老体弱者戒；漫画二：借债炒股者戒；漫画三：股票太多者戒。三幅漫画直观地告诉学生要理性地面对炒股。

漫画情境的使用，既可松弛神经，缓解疲劳，又能培养学生的思维能力。巧用漫画，可以使抽象问题具体化，使枯燥问题趣味化，使深刻问题浅显化，便于学生感知和理解教材内容。

（四）合理利用多媒体手段创设情境

课程与信息技术的整合是课程改革的一个要点，是实施素质教育的有效途径。用多媒体创设的情境具有形象直观性、声像同步性、画面的动态选择性和时空的可变性等优势，使教师的授课过程变得生动形象，富有感染力。教师利用多媒体创设情境，可以发挥视觉与听觉的综合作用，让学生在身临其境中进行联想，使学生在学习过程中能把教材知识内化。

现在大多数学校有多媒体设备。教师要充分利用电脑和投影仪，研究多媒体辅助教学，每学期对学生进行问卷调查。大量数据显示，积极利用多媒体辅助教学的教师深得学生喜爱，其所教班级的成绩能位居年级前列。而长期不用多媒体的教师在学生问卷中分数普遍较低。

（五）合理利用实物创设情境

为了拓展教学资源，教师要善于积累跟教学有关的实物。教师展示实物，能够调动学生的积极性，使学生的注意力迅速集中，使学生的主体性得到体现。

笔者在讲述"信用工具和外汇"一课时，给学生展示了许多国家的纸币：马来西亚的林吉特、美国的美元、日本的日元、泰国的泰铢、越南的越南盾等。笔者设问："这些货币之间如何兑换呢？"学生思考后回答。笔者又问："这些货币中，哪些具有世界货币的职能呢？"在讲授信用卡知识时，笔者展示一些信用卡，并提出问题："银行为什么发行信用卡？""在使用信用卡时，我们应该注意哪些事情呢？"通过实物展示创设情境让学生眼前一亮，整个课堂气氛变得活跃起来，课堂变得和谐、愉快，教师的授课不再枯燥。

（六）合理利用学生的社会实践活动创设情境

利用学生的社会实践、探究活动创设情境，能使学生由被动学习转变为主动学习。教师创设探究情境，并将问题层次清晰地展示给学生。学生针对问题进行合作探究。在探究中，学生的分析问题、解决问题的能力得到锻炼。

例如，某优秀教师在"财政的作用"一课授课时，为了加深学生对"财政是促进社会公平，改善人民生活的物质保障"的理解，组织学生利用课余时间进行社会实践。

教师：财政在促进社会公平、改善人民生活方面发挥哪些作用呢？（打出幻灯片）

学生交流：

学生 1：2007 年天津财政补贴资金 1.2 亿元，全市初中、小学学杂费全免。天津市提前达到国家的有关政策要求。

学生 2：城市面貌日新月异，到处呈现出生机与活力。（图片展示天津大光明桥的过去与现在）

学生 3：2008 年 12 月，天津市开展疫苗强化接种工作，凡是居住在天津市的适龄儿童，都可以免费接种一次麻疹疫苗。凡是居住在天津市的本地和外来的 8 个月龄至 1 岁儿童，无论既往是否接种过麻疹疫苗，这次每人都可以免费接种 1 剂麻疹疫苗。这次疫苗接种大约涉及 140 万名儿童。

学生 4：2010 年 10 月 11 日起天津调整了老人优待服务政策，优待年龄从 70 周岁以上正式调整为 60 周岁以上，即对天津市 60 周岁以上公民全部实行优待服务。

学生 5：中山公园的前身可以追溯到康熙年间的问津园。它是天津历史上有文字记载的第一座私家园林别墅，主人是盐商世家出身的兵部车驾郎中张霖。改造后的中山公园很美，成为周边居民休闲健身的重要场所。学生展示一些公园免费开放的图片。

学生6：政府推广高效节能灯。在全市销售的第一天，财政补贴的节能灯受到了市民的热捧。天津市邮局61个网点第一天就售出了节能灯泡25 000只。

电子节能灯的优点：①结构紧凑，体积小；②发光效率高，省电，节省能源；③可直接取代白炽灯泡；④寿命较长，是白炽灯的6～10倍；⑤灯管内有保护膜，采用三重螺旋灯丝，可以大大延长使用寿命。

教师：的确，就像刚才同学们所讲，在财政的大力支持下，天津的水变得更清了，天空变得更蓝了，城市变得更美了。在城市的发展中，有些基础设施行业需要大量的资金投入，投资风险大，离不开财政的大力支持。

在该案例中，教师将教材本土化，用身边的事例引领学生去探究财政在促进社会公平、改善人民生活方面发挥的作用。在实践性和开放性的课堂中，学生通过搜集和交流资料，感受到自己周围环境的巨大变化，体会到财政的作用，升华了内心情感。社会实践不仅能加深师生之间的关系，也能激发学生探究学习的兴趣，还能培养学生的参与意识和分析、解决问题的能力。

（七）合理利用教材中的新材料创设情境

高中思想政治课的教材增加了许多生活情境和探究活动。教材中的活动材料经过专家审核，具有很强的可操作性。这些情境和探究活动面向学生，贴近生活，生动活泼，深入浅出。教师在教学中可以充分利用这些活动，既省时又省力。教师可以依据教学的需要就地取材，也可以分解或合并情境材料，添加新的情境材料，或使情境与时政热点相结合，使学生的学习变成基于情境的探究、体验的学习。总之，教师可以合理地运用课程资源，从而有效地用资源辅助教学。

例如，在"哲学是指导人们生活得更好的艺术"教学中，笔者引用书中第5—6页的探究材料"烛光照亮小屋"，并设问："为什么对同一问题会有两种不同的解决方式？""想一想：思维方式在人们生活中起什么作用？"学生立刻被这个小故事吸引，很快得出结论：两个人的思维方式不同。教师进而总结出"哲学对人们思维方式的形成起着重要作用"，并指出哲学的作用是指导人们正确地认识世界和改造世界。

三、实施情境教学的效果

（一）实施情境教学激发了学生的学习兴趣

通过教学实践可以看出，新颖有趣、丰富多彩、生动活泼的情境教学可以不断地引起学生新的探究活动，从而激发学生更高水平的求知欲，调动学生求知的积极性，增加学生的学习兴趣。

（二）实施情境教学使学生的主体性得到了发挥

创设各种教学情境，使教师的主导作用、学生的主体作用得到淋漓尽致的体现。情境教学为学生搭建了施展才能的舞台，从而使学生感悟到自身的主体地位，明确这种主体地位的学习责任感。如在实施参与式或探究式情境教学法时，许多内容是学生参与、合作探究完成的，他们成了课堂教学的主体，而教师只起到课前指导、课中点拨、课后总结和评价的作用。

（三）实施情境教学提高了学生的综合素质

情境教学为学生创造了锻炼能力的环境，体现了课堂教学是实施素质教育的主渠道。学生在获得知识的同时，多种能力得以提高。在课堂教学中，教师设置各种教学情境，学生有时产生情感共鸣，发散思维，有时分工合作，查阅有关资料，共同探究，最后得出结论。这样，学生的综合归纳能力、独立思考能力、口头表达能力、社会实践能力都得到了锻炼和提高，这是传统的教学方法难以比拟的。

（四）情境教学使学生的创新精神、创造能力得以开发

在创设情境过程中，教师努力开发学生的创造能力，充分尊重学生的自主性，尊重学生独特的思维方式和活动方式，建立学生自我组织和相互启发、互相促进的多向交流关系。通过鲜活的教学情境活动，使学生勇于探索，敢于标新立异，拓宽思路，利用发散思维和求异思维去获得创新成果。在开展情境教学过程中，笔者不断地激发学生的创新热情，激励学生勇于接触未知领域，不断创新。

（五）整合了多学科知识，培养综合型人才

要淡化学科界限，实现学科的整合。教育应以人的发展为目标，关注学生的可持续发展，培养全面发展的综合型人才。

高中思想政治课的教学内容不能局限于本门课程，而应更多地联系语文、数学、物理、历史、地理等其他学科的相关内容。

受思维方式、认知水平影响，许多学生在高中阶段存在重理轻文或重文轻理的倾向。在思想政治课教学中，引进多学科情境有利于文理综合和学科大综合，有利于培养综合素质高的人才。

（六）培养了学生解决实际问题的能力

《普通高中思想政治课程标准（2017年版2020年修订）》指出："要通过问题情境的创设和社会实践活动的参与，促进学生转变学习方式，在合作学习和探究学习的过程中，培养创新精神，提高实践能力。"情境教学法是课程改革的必然选择。高中思想政治课理论来源于生活实际，教师在教学过程中把它还原到实际生活中，这个过程也是一个培养学生能力的过程。

在教学中，教师以教材的知识为切入点，联系生活中的经济、政治、文化等实际现象，引导学生回归生活，使学生触景生情，激活思维，融会贯通所学知识，不但活化了课堂所教知识，而且让学生自觉地运用所学知识去认识和解决生活中的相关问题。

（七）激发了学生的探索欲望，丰富了学生的生活体验

现代教学理论认为，教学应从学习者的生活经验和背景出发，提供给学生充分进行实践活动和交流的机会，使他们真正理解和掌握知识、思想方法，同时获得丰富的活动经验。

《普通高中思想政治课程标准（2017 年版 2020 年修订）》指出："本课程关注思想政治学科核心素养的培育，坚持教育与生产劳动和社会实践相结合，着眼于学生的真实生活和长远发展，使理论观点与生活经验、劳动经历有机结合，让学生在社会实践活动的历练中、在自主辨析的思考中感悟真理的力量，自觉践行社会主义核心价值观。"

情境教学法立足学生现实的生活经验，着眼于学生的发展需求，把理论观点的阐述寓于社会生活的主题之中，使学科知识与生活现象、理论逻辑与生活逻辑有机结合。实践证明，情境教学法对提高教学质量有显著的效果。

第二节　应用情境教学法的注意事项

一、情境教学应和学生特点相结合，从学生实际出发

情境话题的选择，要注意学生的实际状况。现在的高中生绝大部分

是独生子女，家庭条件比较优越，接触信息面广，知识面宽。教师在选择情境材料时，要根据学生的生理、心理发展的实际状况，选取既有吸引力和新鲜感又有思想性和教育性的材料，必须注意教学对象的认知水平，同时注意他们在心理和接受能力上的适应性。

二、情境创设应和尊重个性相结合，体现民主精神

当代学生思想活跃，求知欲强，勇于发表自己的见解。这就要求教师在情境创设中要充分尊重学生个性，建立平等、信任、民主和互相尊重的师生关系，创造和谐、民主的课堂教学环境。在这样的环境中，学生可以消除胆怯和依赖心理，无拘无束地表现自己，表达自己的思想、认识和情感，提出不同见解，充分展示自己的个性特征，勇敢地探究，最大限度地发挥创新能力。在教学中不管采用什么样的情境，教师都应该鼓励学生发表自己的见解，了解学生的认知过程，允许学生保留不同的看法，这样可以消除师生之间的心理障碍，增进相互理解，提高课堂教学效率。良好的师生关系是情境教学成功的一半。在课堂教学中，教师应该公平地对待每一位学生，充分发挥每一个学生的优势，在创设情境中尽量面向全班学生，让每一位学生都能发挥自己的特长，让他们在愉悦的心情下高效学习。

三、情境设置应和教学目标相结合

情境创设应紧扣教学内容，具有针对性，以有效促进教学目标的达成。如果情境没有反映教学内容和教学问题的实质，学生就会"丈二和尚摸不着头脑"，不知道要思考什么问题，也不知道该从何处入手解决问题。因此，教师通过视频、材料等创设情境应紧扣教学内容，符合教学目标，设问既要简要、明确、新颖，又要有启发性，这样能较好地调动学生学习、思考的积极性，从而达到教学目标。

四、创设趣味情境应注意教学实际效果

"趣"是创设良好课堂环境的调味剂。笔者认为，创设趣味情境的目的是吸引学生注意力，激发学生学习兴趣，使学生愉快地接受知识，并做到将理论和实践相结合，增强教学效果。情境要有针对性和趣味性。教师不要为了情境教学而盲目地创设情境，而应注意情境的趣味性，通过趣味情境调动学生学习的积极性，从而达到较好的教学效果。

五、情境创设要从学科与社会的结合点入手

实践证明，只有当学习内容跟其形成、运用的社会和自然情境结合时，有意义的学习才可能发生，学生所学的知识才易于迁移到其他情境中并被应用。教师创设真实的社会现实情境，有利于学生理解和掌握知识，用所获得的知识和技能解决实际问题。教师要鼓励学生带着所学的知识跃出课本，走出课堂，通过自己的多种实践来加深对教材知识的理解，并用所学知识去认识问题、解决问题，这样就达到了学以致用的目的。

六、创设情境要把握"度"

课堂教学情境是为教学服务的，能使学生在愉快的氛围中掌握理论知识。但是教师如果在教学中设置情境过多，就可能偏离教学的正常轨道。教师要牢记，并不是教材中的每一个知识点都可以创设情境，也不是每一个知识点都需要创设情境。情境教学毕竟是费时的，当离开情境同样可以很好地教学时，教师就没有必要创设情境。否则，只能是画蛇添足。情境教学法不可滥用。教学过程是千变万化、丰富多彩的，情境教学只有与其他教学方法有机结合、相互补充，才能取得理想的教学效果。这就要求教师精心备课，对于那些有必要创设情境的知识点，应创

设情境并使情境精巧、有效，做到激发学生兴趣与使学生掌握知识辩证统一。教师要明确，创设情境是为了渲染气氛、升华情感，还是为了引导学生分析问题、解决问题；是为了提供感性材料帮助学生理解抽象概念，还是为了帮助学生从大量材料中总结出规律。总之，教师要使情境的创设收放有度，有针对性和实效性，对学生的认识和行为真正产生预期的影响效果。

七、灵活创设各类情境

情境教学法是一种比较灵活的教学方法。教师在应用该教学方法的过程中，可以根据教学需要创设多种情境。即使是同一门课的同一类情境，也可以有很多不同的表现形式。

例如，在讲授"人民代表大会制度"这一教学内容时，教师可以先从身边有关人民代表大会的事情说起，然后让学生观看历年有关人民代表大会的新闻，在学生观看了有关人民代表大会的新闻内容后，教师可以再结合教材内容，让学生根据所看的新闻内容有方向性地展开讨论。通过让学生讨论人大代表产生的过程、人民代表大会的议程等内容，有意识地将教学内容加入讨论过程，可以使学生更好地了解我国的人民代表大会制度的内容和特征，从而认同其优越性。

再如，在讲授公民有序的政治参与中政治表达的权利时，教师可以阐述社会现实中的一个实例，结合学校的具体情况，如学校周围噪声、考试制度的改革等一系列贴近学生生活的场景，进行情境创设，引发学生对问题解决途径的思考。教师再从旁点拨，让学生了解到公民政治表达的具体形式包括信访、领导接待日、市长热线电话、专家论证、听证会等。

八、情境中师生关系应该是平等、和谐的

高中思想政治课教师在进行情境教学时，应该使教学建立在平等、和谐的师生关系基础之上。在师生平等的基础上，学生不会感觉到有压力，有足够的思考空间，可以尽情思考，可以自由地和教师对话；在师生和谐的基础上，学生内在的潜能能被更好地激发出来，课堂气氛由此变得更加活跃，师生能够进行更好的沟通。

在情境中，教师作为引导者，引导学生向着真理的方向不断前进。除此之外，还有一个非常重要的因素不容忽视，那就是情境的和谐性。在进行情境教学的过程中，情境也是调控课堂氛围的有效途径。

环境深深影响着学生的学习情况，教师创设的情境能否调动学生的积极性，教师能否激发学生丰富的想象，学生能否产生浓厚的学习兴趣，在很大程度上受到师生关系的影响。在教学过程中，如果师生关系是平等的、融洽的，教师就可以在所创设的情境中更好地发挥作用，学生可以在平等、和谐的环境中轻松地获得新知识，而不被任何负面情绪影响。这也是大部分一线教师认为情境教学法能提升教学质量的重要原因之一。

九、处理好情境教学和传统教学的关系

情境教学法在现代教学方法中，被认为是一种适合学生的教学方法。但是，对于高中思想政治课来说，"理论灌输"作为传统的教学方法，在目前的思想政治课程的教学过程中起着举足轻重的作用。事实上，一些教师依然使用"理论灌输"的方法进行思想政治课教学。主要原因就是长期以来运用"理论灌输"的方法进行教学为教师积累了宝贵的经验，这些经验应该得以继承和发展，而不是一味地摒弃传统的教学方式。如何发展这些在传统教学方式中积累的经验？要在发现传统教学缺陷——没有以学生为主体进行教学的基础上，运用情境教学中的理论和已有的

经验对传统的教学方法进行补充，使传统的教学方法更合时宜，也进一步发展了情境教学，使之更加完善。

在高中政治课教学中引入情境教学理念，是符合现代政治教学发展趋势和内在要求的。实践证明，创设适当的教学情境，可以有效地激发学生的求知欲和好奇心，增强学习的针对性，有利于发挥情感、思维在教学中的作用。情境教学能丰富学生的学习过程和情感体验，提高学生发现、解决问题的能力，培养学生合作与共享的品质以及良好的科学精神和科学态度，提高学生社会适应能力，增强学生的社会责任感，具有其他教学方式不可替代的作用。

参考文献

[1] 廖杰威. 高中思想政治学历案教学学习过程探究 [J]. 华夏教师，2023
（10）：62–63.

[2] 陈燕霞. 高中思想政治单元整体教学的实践与思考：以统编版教材必
修 2 "经济发展与社会进步" 为例 [J]. 亚太教育，2023（7）：41–43.

[3] 唐铭，毕向晴. 高中思想政治开放型试题探析 [J]. 大连教育学院学报，
2023，39（1）：34–38.

[4] 王基家，胡友. 情境式教学法在高中思想政治课堂教学中的应用 [J]. 黄
冈师范学院学报，2023，43（1）：60–64，75.

[5] 韦艳美，李品和. 高中思想政治课一例多境教学方式的运用研究 [J]. 广
西教育学院学报，2023（1）：172–175.

[6] 梅秋艳. 支架式教学在高中思想政治课中的应用研究 [J]. 中国教育技术
装备，2022（21）：95–97.

[7] 连华. 情境教学法在高中思想政治课教学中的有效实施 [J]. 新课程，
2022（42）：152–154.

[8] 胡志勇.新高考背景下高中思想政治教学变革探讨[J].亚太教育，2022（20）：7-9.

[9] 向小琴.高中思想政治情境素材选取的伦理失当及应对[J].教学与管理，2022（19）：48-51.

[10] 刘旭东，谢薇.基于学科核心素养的高中政治体验式教学策略探析[J].宁夏师范学院学报，2022，43（5）：87-89.

[11] 王守国."互联网+"视域下高中思想政治探究性教学模式探究[J].中国新通信，2021，23（23）：239-240.

[12] 曹玫.高中思想政治微课运用研究：以"我国政府的经济职能"一课为例[J].现代交际，2021（20）：170-172.

[13] 赫明娟.新经济下核心素养视域高中思想政治情境教学研究[J].财富时代，2021（9）：168-169.

[14] 罗雪峰.高中思想政治课表现性任务的探究设计[J].现代职业教育，2021（40）：142-143.

[15] 李媛，张灵.建构主义视角下高中政治学科核心素养的培育策略[J].教育观察，2021，10（27）：40-42.

[16] 刘婉灵.议题式教学在高中思想政治理论课中的运用研究[J].吉林省教育学院学报，2021，37（7）：122-125.

[17] 崔伊然.新课标下高中思想政治课情境创设优化路径探析[J].现代交际，2021（12）：106-109.

[18] 付有能.统编高中思想政治教材中活动设计的学习支架功能及其运用[J].中学政治教学参考，2021（21）：28-30.

[19] 李可可，孟悌清，闫晓静.浅谈议题式教学在高中思想政治教学中的运用研究[J].科教文汇（中旬刊），2021（8）：165-166.

[20] 贾丽媛，张欢.高中思想政治课开展社会实践活动的思考[J].科教导刊（下旬刊），2020（33）：153-154.

[21] 骆柏林，马燕 . 思想政治课实践教学探析 [J]. 思想政治课教学，2020
　　（10）：19-22.

[22] 徐懿斌 . 情境教学法在高中思想政治课上的应用分析 [J]. 科学咨询（科
　　技·管理），2020（9）：285.

[23] 邓小玲，黎政良 . 核心素养视域下高中思想政治情境教学探析 [J]. 教育
　　观察，2020，9（31）：134-135，140.

[24] 王新军 . 新课程背景下高中思想政治高效课堂的构建研究 [J]. 才智，
　　2020（7）：34.

[25] 胡双双 . 情境教学法在高中思想政治课堂中的运用研究 [J]. 现代商贸工
　　业，2019，40（24）：191.

[26] 刘畅 . 试论生活情境教学法在高中思想政治课中的运用研究 [J]. 才智，
　　2019（14）：33-34.

[27] 姜丽艳 . 主题式情境教学的问题与对策 [J]. 思想政治课教学，2018
　　（12）：38-42.

[28] 史福前 . 新课标背景下高中思想政治课课堂教学研究 [J]. 科教导刊（上
　　旬刊），2018（31）：137-138.

[29] 李玥 . 情境教学在高中政治课堂上的运用 [J]. 现代交际，2018（17）：
　　205，204.

[30] 孙蓓 . 论高中思想政治课的情境教学 [J]. 佳木斯职业学院学报，2018
　　（1）：96-97.

[31] 伍菲菲，李丽 . 高中思想政治课生活化教学情境的创设探究 [J]. 佳木斯
　　职业学院学报，2016（6）：188，190.

[32] 钱小华 . 思想政治课堂教学中学生主体性建立的实践探索 [J]. 内蒙古教
　　育（职教版），2016（5）：48.

[33] 莫岚.教无定法，贵在得法：采用多种教学方法促进高中思想政治课堂教学生活化 [J].桂林师范高等专科学校学报，2016，30（3）：144-146，149.

[34] 冯叶锋.新课标理念下高中思想政治课情境教学法探究 [J].襄阳职业技术学院学报，2016，15（2）：86-88.

[35] 郭爽.论情境教学在高中思想政治课中的运用 [J].学理论，2015（21）：170-172.

[36] 张兴平.浅谈高中思想政治课中的情境教学法 [J].现代交际，2015（4）：149.

[37] 黄金结，史欢乐.高中思想政治课的情境教学 [J].课程·教材·教法，2013，33（11）：61-65.

[38] 唐满意.新课改下高中政治情境教学的思考 [J].教育教学论坛，2012（13）：96-97.

[39] 欧阳煜.新课程理念下的高中思想政治课堂教学模式探讨 [J].当代教育论坛（下半月刊），2009（1）：79-80.

[40] 程兴涛.高中思想政治情境教学 [J].中国教育技术装备，2008（16）：106-107.

[41] 张万喜.高中思想政治课堂情境教学研究 [J].山西师大学报（社会科学版），2004（增刊1）：19-21.

[42] 何玲.情境教学法在高中思想政治课中的应用现状研究 [D].石河子：石河子大学，2023.

[43] 陈姑梅.主线式情境教学法在高中思想政治课教学中的运用研究 [D].海口：海南师范大学，2023.

[44] 李涤雅.情境教学法在高中思想政治课教学中的应用研究 [D].沈阳：沈阳师范大学，2023.

[45] 赵自然 . 高中思想政治课运用情境教学法培育公共参与素养研究 [D].
     固原：宁夏师范学院，2023.

[46] 范晓丽 . 高中思想政治课学生社会责任感培养研究 [D]. 济南：山东师
     范大学，2023.

[47] 汤逸瑾 . 高中思想政治课强化中华优秀传统文化教育研究 [D]. 济南：
     山东师范大学，2023.

[48] 周婷婷 . 高中思想政治课堂教学主题情境创设的策略研究 [D]. 桂林：
     广西师范大学，2023.

[49] 葛莹 . 高中思想政治课情境教学法应用研究 [D]. 大连：辽宁师范大学，
     2022.

[50] 教育部考试中心 . 中国高考评价体系 [M]. 北京：人民教育出版社，
     2019.

[51] 中华人民共和国教育部 . 普通高中思想政治课程标准（2017 年版 2020
     年修订）[M]. 北京：人民教育出版社，2020.

附件一：学科核心素养与课程目标①

一、学科核心素养

学科核心素养是学科育人价值的集中体现，是学生通过学科学习而逐步形成的正确价值观、必备品格和关键能力。思想政治学科核心素养，主要包括政治认同、科学精神、法治意识和公共参与。

（一）政治认同

我国公民的政治认同，就是拥护中国共产党的领导，坚持和发展中国特色社会主义，认同中华人民共和国、中华民族、中华文化，弘扬和践行社会主义核心价值观。

中国特色社会主义是改革开放以来中国共产党的全部理论和实践的主题，是党和人民历尽千辛万苦、付出巨大代价取得的根本成就。社会主义核心价值观是当代中国精神的集中体现，凝结着全体人民共同的价值追求。认同中国特色社会主义和社会主义核心价值观，才能形成全国各族人民团结奋斗的共同思想基础，坚持中国道路、弘扬中国精神、凝聚中国力量，为实现中华民族伟大复兴的中国梦而奋斗。青少年的政治认同是他们创造幸福生活的精神支柱、价值追求和道德准则；发展政治认同素养，才能牢固树立中国特色社会主义理想信念，厚植爱国主义情怀，成为社会主义合格建设者和可靠接班人。

① 中华人民共和国教育部.普通高中思想政治课程标准（2017年版2020年修订）[M].北京：人民教育出版社，2020.

（二）科学精神

我国公民的科学精神，就是在认识世界和改造世界的过程中表现出来的一种精神取向，即坚持马克思主义的科学世界观和方法论，能够对个人成长、社会进步、国家发展和人类文明作出正确的价值判断和行为选择。

当代中国正经历广泛而深刻的社会变革，正进行宏大而独特的实践创新。在这一社会变革和实践创新的过程中发扬科学精神，必须坚持辩证唯物主义和历史唯物主义基本观点，领会习近平新时代中国特色社会主义思想，认清社会发展规律和阶段性特征，解放思想、实事求是、与时俱进、求真务实，在全面深化改革的进程中，把握发展机遇，应对各种挑战。培养青少年的科学精神，有助于他们形成正确价值取向和道德定力，提高辩证思维能力，立足基本国情、拓展国际视野，在实践创新中增长才干。

（三）法治意识

我国公民的法治意识，就是尊法学法守法用法，自觉参加社会主义法治国家建设。

建设社会主义法治国家，是推进国家治理体系和治理能力现代化的必然要求；全面依法治国，必须坚持党的领导、人民当家作主、依法治国有机统一，坚持依法治国和以德治国相结合，实现科学立法、严格执法、公正司法、全民守法，在全社会树立法治意识。增强青少年法治意识，有助于他们在生活中依法行使权利、履行义务，严守道德底线，维护公平正义，做社会主义法治的忠实崇尚者、自觉遵守者、坚定捍卫者。

（四）公共参与

我国公民的公共参与，就是有序参与公共事务，勇于承担社会责任，积极行使人民当家作主的政治权利。

广泛的公共参与，彰显人民主体地位，是公民行使知情权、参与权、表达权、监督权的表现，有助于更好地表达民意、集中民智，提高国家立法和政府决策的科学性、民主性；有助于鼓励人们热心公益活动，激发社会活力，提高社会治理水平。培养青少年公共参与素养，有益于他们了解民主管理的程序、体验民主决策的价值、感受民主监督的作用，增强公德意识和参与能力，追求更高的道德境界。

二、课程目标

通过思想政治课程学习，学生能够具备思想政治学科核心素养。

具有政治认同素养的学生，应能够：认同走中国特色社会主义道路是历史的必然，坚信中国特色社会主义是国家富强、民族振兴、人民幸福的根本保障，坚定中国特色社会主义道路自信、理论自信、制度自信、文化自信；拥护党的领导，领会中国特色社会主义最本质的特征是中国共产党领导，中国特色社会主义制度的最大优势是中国共产党领导，党是最高政治领导力量；明确社会主义核心价值观是公民最基本的价值标准，自觉践行社会主义核心价值观，树立共产主义远大理想和中国特色社会主义共同理想。

具有科学精神素养的学生，应能够：用马克思主义基本立场、观点和方法，观察事物、分析问题、解决矛盾；解放思想、实事求是，对经济、政治、文化、社会和生态文明建设的实践，作出科学的解释、正确的判断和合理的选择；感悟人生智慧，过有意义的生活；以锐意进取的态度和负责任的行动促进社会和谐。

具有法治意识素养的学生，应能够：理解法治是人类文明演进中逐步形成的先进的国家治理方式，全面依法治国是国家治理的一场深刻革命，明确建设社会主义法治国家的基本要求；树立宪法法律至上、法律面前人人平等的法治理念；懂得权利与义务的关系，养成依法办事、依法行使权利、依法履行义务的习惯；拥有法治使人共享尊严，让社会更和谐、生活更美好的认知和情感。

具有公共参与素养的学生，应能够：具有集体主义精神；遵守规则，有序参与公共事务；热心公益事业，践行公共道德，乐于为人民服务；积极参与民主选举、民主协商、民主决策、民主管理、民主监督的实践，体验人民当家作主的幸福感；具备善于对话协商、沟通合作、表达诉求和解决问题的能力，勇于担当社会责任。

附件二：中国高考评价体系

（教育部考试中心制定）

目录

一、总纲

2014 年，《国务院关于深化考试招生制度改革的实施意见》出台，对加强高考内容改革顶层设计提出要求，明确指出要依据高校人才选拔要求和国家课程标准，科学设计命题内容。2018 年，习近平总书记在全国教育大会上指出，要努力构建德智体美劳全面培养的教育体系，形成更高水平的人才培养体系；要深化教育体制改革，健全立德树人落实机制，扭转不科学的教育评价导向，坚决克服唯分数、唯升学、唯文凭、唯论文、唯帽子的顽瘴痼疾，从根本上解决教育评价指挥棒问题。考试招生制度是我国的基本教育制度，是立德树人落实机制的关键组成部分，必须维护和增强全国统一高考在人才选拔培养中的核心地位。为全面贯彻落实全国教育大会精神，2019 年，教育部明确提出要立足全面发展育人目标，构建包括"核心价值、学科素养、关键能力、必备知识"在内的高考考查内容体系。这为科学构建中国高考评价体系提出了明确目标，提供了基本遵循。

中国高考评价体系是根据新时代党的教育方针与国家教育改革相关政策文件构建的、符合素质教育全面发展要求的、用于指导高考内容改革和命题工作的测评体系，主要包括高考的核心功能、考查内容、考查要求和考查载体等。中国高考评价体系通过解决"为什么考、考什么、怎么考"的问题，从高考层面对"培养什么人、怎样培养人、为谁培养人"这一教育根本问题给出了回答。中国高考评价体系的科学构建，是从根本上解决教育评价指挥棒问题的重大举措之一，也是健全立德树人落实机制、实现德智体美劳全面发展育人目标的必经之路。

（一）高考评价体系构建的意义和原则

高考评价体系是深化新时代高考内容改革的基础工程、理论支撑和实践指南，对发展素质教育、推进教育公平、实现教育现代化、建设教育强国、办好人民满意的教育具有重要意义；对实现学生健康成长、国家科学选才、社会公平公正的有机统一以及协调推进教育领域综合改革，都将发挥重要作用。

第一，高考评价体系是落实立德树人根本任务、发展素质教育的科学系统。它依托现代测评理论和技术，科学设定核心功能，精心设计考查内容、考查要求和考查载体，创造性地将立德树人根本任务融入考试评价过程，以实现高考评价目标与素质教育目标的内在统一，切实将高考打造成为立德树人的重要载体和素质教育的关键环节，成为德智体美劳全面培养的教育体系的有机组成部分。

第二，高考评价体系是发挥高考正向积极导向作用的坚实基础。它将国家和高校的选才需求与素质教育育人目标有机联通，是实现"招—考—教—学"全流程各个环节无缝衔接、良性互动的关键。高考评价体系通过创新评价方式、优化评价手段、深化命题实践改革，全面、客观、准确地测量和评价学生的综合素质，为打破"唯分数"的单一评价模式、构建多元评价体系创造条件。

第三，高考评价体系是教育公平的强力助推器。它奠定了坚实的命题理论基础，构建了科学严谨的学科命题指南，为确保高考的考试质量提供了充分的技术保障与体系支撑，有利于发挥考试对教育公平的促进作用。同时，高考评价体系提供的大量科学评价数据，还能为基础教育资源的公平配置和高等教育入学机会的公平分配提供科学依据，从而进一步促进教育公平的实现。

第四，高考评价体系是高考内容改革持续深化和教育领域综合改革纵深推进的重要保障。通过构建具有中国特色的高考评价体系，形成深化高考内容改革、持续指导命题实践的长效机制，能够更好地发挥高考评价在科学区分学生综合素质及选拔人才等方面的功能，为推进高考综合改革、优化高校招生综合评价机制奠定坚实基础。此外，高考评价体系高度契合高中课程改革理念，可以积极促进素质教育正向导向作用的发挥，为高中育人方式改革提供有力支撑。

构建具有中国特色的高考评价体系，要重点把握以下五个基本原则。

第一，突出方向性。高考评价体系的构建，始终坚持以习近平新时代中国特色社会主义思想为指导，全面贯彻党的教育方针，落实立德树人根本任务；坚持高考改革要有利于更好地为人民服务、为中国共产党治国理政服务、为巩固和发展中国特色社会主义制度服务、为改革开放和社会主义现代化建设服务；紧密围绕"培养什么人"这一教育首要问题，将培养德智体美劳全面发展的社会主义建设者和接班人作为根本任务。

第二，坚持科学性。高考评价体系从科教兴国战略和人才强国战略出发，依据高校人才选拔要求和国家课程标准，体现各类高校选拔人才的共性需求，科学把握教育教学、学生成长和人才选拔的规律，有效提升高考选才的效度。高考评价体系的研制过程严谨规范，坚持理论研究与实证分析相结合，在政策文件、基础理论、国际文献比较、基础教育课程方案和课程标准、高校人才培养方案、高校人才选拔需求等多个方面都进行了深入研究，以确保体系内容的科学性。

第三，反映时代性。当今时代是知识经济时代，综合国力的竞争归根结底是人才的竞争。随着中国特色社会主义进入新时代，中华民族正加速迈向伟大复兴，人民群众对更高质量、更加公平、更具个性的教育的需求也更为迫切，这都对我国加快推进教育现代化、提升全民教育水平提出了更高的要求。高考改革事关教育现代化发展全局，要通过构建理念先进、面向未来的高考评价体系，更好地服务于新时代人才培养需求，促进人的全面发展，推动社会全面进步，助力实现《中国教育现代化2035》的规划目标。

第四，体现民族性。我国历史悠久绵长，文化博大精深，在长期的教育和考试发展历程中，形成了以德为先、注重公平、尊重知识等独具特色的人才培养和选拔观念。高考评价体系大力弘扬社会主义核心价值观和以爱国主义为核心的民族精神，契合我国注重教育、尊重人才的文化传统，突出重视伦理道德的教育思想和德才兼备的人才观，有助于培育能担当民族复兴大任的时代新人。

第五，突显公共性。高考是大规模高利害考试，又因社会环境和考试文化等因素而具有高度的复杂性和敏感性。面对多元化的现实期待和利益诉求，高考评价体系的设计坚持统筹兼顾，既要实现改革任务要求，又要满足人民群众的公平性诉求，确保选拔的科学性，避免应试教育的弊端，进而服务于国家的人才储备战略和现代化建设。作为人才选拔培养的核心环节，高考尤其注重与基础教育教学关系的处理。高考评价体系与高中课程改革的理念充分衔接、契合，与高中育人方式改革同向同行，将进一步发挥对素质教育正向积极的促进作用。

（二）高考评价体系的内容与性质

高考评价体系主要由"一核""四层""四翼"三部分内容组成。其中，"一核"为核心功能，即"立德树人、服务选才、引导教学"，是对素质教育中高考核心功能的概括，回答"为什么考"的问题；"四层"为考查内容，即"核心价值、学科素养、关键能力、必备知识"，是素质教育目标在高考中的提炼，回答"考什么"的问题；"四翼"为考查要求，即"基础性、综合性、应用性、创新性"，是素质教育的评价维度在高考中的体现，回答"怎么考"的问题。同时，高考评价体系还规定了高考的考查载体——情境，以此承载考查内容，实现考查要求。

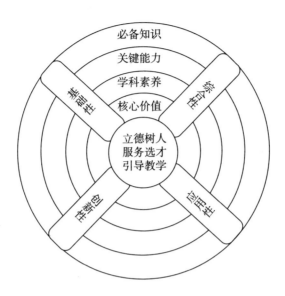

附图 1　中国高考评价体系

　　高考评价体系是"一体两面"的综合体系。首先，它是评价考生素质的理论体系。以"四层"为考查内容，评价考生素质内涵；以"四翼"为考查要求，评价学生素质达成度。其构建始于对教育根本问题的思考和回答，是素质教育要求在高考中的理论呈现。其次，它是指导和评价高考命题的实践体系。通过"四层"规定命题内容、"四翼"保障命题水平，高考评价体系将有力促进高考内容改革和命题质量的提升。

　　高考评价体系是对中国特色教育评价理论的丰富和发展，将持续推进我国高考内容改革的深化。它将在今后的高考实践中接受检验并不断完善，为更好落实立德树人根本任务、培养德智体美劳全面发展的社会主义建设者和接班人提供坚强保障。

　　高考评价体系是高考命题、评价与改革的理论基础和实践指南，主要供高考命题人员、高考研究人员、教育考试管理人员以及广大师生学习参考使用。

二、一核——高考核心功能

中国特色社会主义进入新时代，社会主要矛盾的新变化、党和国家事业的新发展、人民群众对优质教育的新向往，都对高考提出了新任务、新要求。高考是国家选拔人才的重要途径，不仅承载选拔和评价的功能，而且是实现立德树人的重要载体和素质教育的关键环节。

高考评价体系的核心目标，即坚持以习近平新时代中国特色社会主义思想为指导，落实立德树人根本任务，充分发挥考试的引导作用，切实体现高考的育人功能，形成人才选拔、考试评价、教育引导和教学反拨的一体化新格局。

高考"立德树人、服务选才、引导教学"的核心功能，紧紧围绕"培养什么人、怎样培养人、为谁培养人"这一教育根本问题，全方位、系统化地阐释"为什么考"的问题。"一核"既是对素质教育中高考核心功能的高度概括，又是高考内容改革始终坚持正确方向、不断巩固和提升高考为国选才育人水平的根本保障。

（一）立德树人

高考必须坚持立德树人。习近平总书记在全国教育大会上指出，要把立德树人融入思想道德教育、文化知识教育、社会实践教育各环节，贯穿基础教育、高等教育等各领域，教学体系也要围绕这个目标来设计。高考作为连接基础教育和高等教育的关键环节，必须以习近平新时代中国特色社会主义思想为指导，全面贯彻党的教育方针和全国教育大会精神，强化理想信念、爱国主义情怀、品德修养、知识见识、奋斗精神、综合素质等方面的考查要求，引导学生培育和践行社会主义核心价值观，弘扬中华优秀传统文化、革命文化和社会主义先进文化，树立正确的历史观、民族观、国家观、文化观，切实增强中国特色社会主义道路自信、理论自信、制度自信、文化自信，从而全面彰显高考的育人功能。

（二）服务选才

高考必须坚持服务选才。立足于服务国家、服务高校选才这一基本点，高考要为国家和高校选拔出符合要求的新生。因此，高考要紧密围绕科学选才、提高质量、促进公平的目标，进一步探索和完善评价人才的方法，使人才选拔标准更全面、方式更科学；要保证较高的信度和效度，保证适宜的考试区分度，促进人才合理分流、配置，更好地适应国家经济社会发展对多样化、高素质人才的需求，为建设人力资源强国提供有力保障。

（三）引导教学

高考必须坚持引导教学。作为大规模高利害考试，高考客观上对高中教学起到重要的引导作用。高考结果直接影响学生获得的教育资源和将来的发展，甚至影响对地方教育发展的成效评价和资源投入。因此，高考对基础教育教学的引导作用具有较强的现实动能和深厚的社会根基。

高考评价体系将"引导教学"纳入核心功能，有利于理顺教考关系，增强"以考促学"的主动意识。通过考试改革，紧密对接高中育人方式改革，进一步健全立德树人落实机制，完善德智体美劳全面培养的育人体系，着力扭转教育的功利化倾向，提升教育评价水平并发挥正向积极的导向作用；通过高考改革与基础教育、高等教育改革的协调推进，在实现高校人才选拔目标的同时，高度契合高中课程改革的培养目标和评价目标，从而达到理顺教考关系、实现"以考促教、以考促学"的目的，促进立德树人根本任务的落实，共同形成更高水平的全面培养体系。

高考评价体系以党的教育方针、国家发展需求、高校选才要求为方向，实现正确引导；充分考虑国家课程标准内容、教学实际情况，实现科学引导；重点关注教考关系，灵活调整引导方法和手段，实现有效引导。

立德树人是教育的根本任务，在教育改革中发挥着统领作用，决定着高考的前行方向和价值取向。服务选才和引导教学既各有侧重又相互关联，是高考落实立德树人根本任务的两个基本手段。"立德树人、服务选才、引导教学"构成整体的功能机制，体现了高考在人才选拔培养中的核心地位和关键作用。

三、四层——高考考查内容

根据高校人才选拔要求和国家课程标准，遵循考试评价的规律，高考评价体系将应考查的素质教育目标凝练为"核心价值、学科素养、关键能力、必备知识"的"四层"考查内容。在"四层"的构建中，"核心价值"指明立德树人根本任务，起到方向引领作用；"学科素养"承接核心价值的方向引领，统摄关键能力与必备知识；"关键能力"是支撑和体现学科素养要求的能力表征；"必备知识"是培养能力、达成素养的基础。"四层"紧密关联，构成有机整体，使素质教育目标在高考中得到系统的体现。

（一）核心价值

核心价值是指即将进入高等学校的学习者应当具备的良好政治素质、道德品质和科学思想方法的综合，是在各学科中起着价值引领作用的思想观念体系，是其在面对现实的问题情境时应当表现出的正确的情感态度和价值观的综合。核心价值旨在通过学校教育和社会实践等多种途径，将学生培养成为拥护中国共产党领导和社会主义制度、立志为中国特色社会主义奋斗终生的建设者和接班人。

培养学生良好的政治素质、道德品质和科学思想方法，是解决"培养什么人、怎样培养人、为谁培养人"这一教育根本问题的关键。核心价值集中反映党的教育方针和立德树人根本任务，体现德智体美劳全面发展的育人目标，在高考评价体系的考查内容中居于首要位置，引领其他三项考查内容。

核心价值主要包含"政治立场和思想观念、世界观和方法论、道德品质和综合素质"3个一级指标和10个二级指标。

"政治立场和思想观念"是指即将进入高等学校的学习者应当具备的正确政治立场、态度和基本观念，包含理想信念、爱国主义情怀、以人民为中心的思想和法治意识等方面的基本要求。

"世界观和方法论"是指即将进入高等学校的学习者应当掌握的马克思主义世界观和方法论，包含辩证唯物论、唯物辩证法和唯物史观的基本观点和方法论要求，属于科学思想方法的范畴。

"道德品质和综合素质"是指即将进入高等学校的学习者应当具备的社会主义道德情操、意志品质和精神情怀，包含品德修养、奋斗精神、责任担当、健康情感和劳动精神等方面的基本要求。

附表1　核心价值指标体系

一级指标	二级指标	指标内涵
政治立场和思想观念	理想信念	学习领会马克思主义，特别是习近平新时代中国特色社会主义思想。树立共产主义远大理想和中国特色社会主义共同理想，增强中国特色社会主义道路自信、理论自信、制度自信、文化自信，立志肩负起实现中华民族伟大复兴中国梦的时代重任。
	爱国主义情怀	热爱和拥护中国共产党。认同中华人民共和国，认同中华民族，厚植爱国主义情怀，自觉维护民族团结和国家统一，维护国家尊严与利益。认同中华文化，弘扬中华优秀传统文化，继承革命文化，发展社会主义先进文化。
	以人民为中心的思想	理解人民群众是历史的创造者，是决定党和国家前途命运的根本力量。树立为人民服务的思想。立志扎根人民、奉献祖国。

一级指标	二级指标	指标内涵
政治立场和思想观念	法治意识	树立宪法法律至上、法律面前人人平等的法治理念。理解全面推进依法治国必须坚持党的领导、人民当家作主、依法治国的有机统一。能够尊法学法守法用法，自觉参加社会主义法治国家、法治社会建设。能够依法行使权利、履行义务，维护公平正义，做中国特色社会主义法治的忠实崇尚者、自觉遵守者、坚定捍卫者。
世界观和方法论	正确的世界观和方法论	坚持辩证唯物主义，坚持无神论，反对唯心主义。一切从实际出发，实事求是，尊重客观规律。相信科学，尊重事实，追求和传播真理。坚持唯物辩证法，反对形而上学，坚持用联系、发展、矛盾的观点观察和分析问题，善于透过现象看本质。坚持理论联系实际，在实践中检验真理、修正错误。坚持历史唯物主义，反对历史虚无主义。能够运用历史唯物主义的观点、方法观察分析社会历史现象，正确认识社会发展规律，顺应改革发展潮流。
道德品质和综合素质	品德修养	培育并践行社会主义核心价值观，有大爱大德大情怀。遵守社会公德和职业道德，崇尚家庭美德，培育个人品德。理性面对当代社会经济、文化、科技、环境等方面的伦理问题与伦理冲突，自尊自信、意志坚强。
	奋斗精神	树立高远志向，认同奋斗成就幸福、奋斗者最幸福的观念。历练不懈奋斗的精神，具有勇于奋斗的精神状态、乐观向上的人生态度，做到刚健有为、自强不息。
	责任担当	具有社会责任感，积极承担社会责任、履行义务。具有集体主义精神，以国家利益和集体利益为先。积极维护公共利益，关注并参与人类命运共同体的构建。有序参与社会公共事务，行使人民当家作主的政治权利。
	健康情感	具有健康意识，注重增强体质、健全人格、锤炼意志，珍爱生命，热爱生活。具有高雅的审美情趣和良好的审美意识，在生活中能够感受美、鉴赏美、创造美。
	劳动精神	崇尚劳动、尊重劳动，认同劳动最光荣、劳动最崇高、劳动最伟大、劳动最美丽的观念。坚持以辛勤劳动、诚实劳动、创造性劳动实现自己的人生价值，愿意为国家富强、社会进步和人民幸福而辛勤工作。

（二）学科素养

学科素养是指即将进入高等学校的学习者在面对生活实践或学习探索问题情境时，能够在正确的思想价值观念指导下，合理运用科学的思维方法，有效整合学科相关知识，运用学科相关能力，高质量地认识问题、分析问题、解决问题的综合品质。学科素养通过基础教育阶段的学科教学培养形成，既是基础教育培养目标的要求，也是高校人才选拔的要求。

学科素养融会国家课程标准中的核心素养要求和高校人才选拔要求中的素养内涵，基于理论逻辑分析与实证调研结果，构建出适合在考试评价中表达和测量的指标体系。学科素养包括"学习掌握、实践探索、思维方法"3个一级指标和9个二级指标。

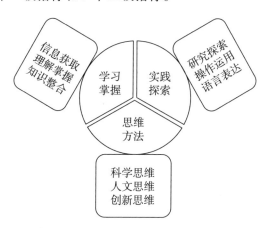

附图 2　学科素养指标体系

"学习掌握"是指学习者在面对生活实践或学习探索问题情境时，进行有效输入、编码、储存各种形式的信息的综合能力。从人类学习的认知机制来看，"学习掌握"是认知加工和行动输出的前提和基础。在信息时代，新知识、新方法、新技术不断涌现，个体必须能够通过各种渠道获得所需要的信息，能够在原有的知识基础上理解新信息并将其纳入学科的基本知识结构中，能够根据已接收的新信息与解决问题的需求建立各种知识组合。"学习掌握"包含 3 个二级指标：信息获取、理解掌握、知识整合。

"实践探索"是指学习者在面对生活实践或学习探索问题情境时，组织整合相应的知识与能力、运用不同的技术方法进行各种操作活动以解决问题的综合品质。"实践探索"包括认知操作和行动操作两个方面，是个体改造世界的核心品质。"实践探索"是信息输入和认知加工之后的必然结果，是完成认知学习和实践的关键环节。"实践探索"包含 3 个二级指标：研究探索、操作运用、语言表达。

"思维方法"是指学习者在面对生活实践或学习探索问题情境时，进行独立思考和探索创新的内在认知品质。"思维方法"是思维的品质、方式和能力的综合，是个体高质量地解决生活实践或学习探索情境中的各种问题的基础。"思维方法"是认知加工的关键构件，是个体在信息时代所必须具备的核心认知品质，也是未来社会人才所需要的终身素养。"思维方法"包含 3 个二级指标：科学思维、人文思维、创新思维。

附表2　学科素养指标体系

一级指标	二级指标	指标内涵
学习掌握	信息获取	适应社会信息化趋势，通过各种方式与渠道获取信息，根据应对问题情境的需求，合理地组织、调动各种相关知识与能力，完成信息获取活动。
	理解掌握	根据应对问题情境的需要，合理地组织、调动各种相关知识与能力，系统化、多层面、多角度地对新信息进行加工处理，融会贯通地把握新信息的实质，把握新旧信息的联系，形成对新信息的准确判断、分析与评价。

续　表

一级指标	二级指标	指标内涵
学习掌握	知识整合	根据应对问题情境的需要，合理地组织、调动各种相关知识与能力，对获得的学科知识和相关信息进行概括整合，形成与生活实践或学习探索问题情境对应的产生式系统，能够将新获得的知识纳入已有知识结构或知识体系，对原有的知识结构进行合理的调整。
实践探索	研究探索	根据应对新的问题情境的需要，合理地组织、调动各种相关知识与能力，实施调研、探究或实验活动。分析结果，提出新观点或发现新问题，寻求有效的问题解决方法。
	操作运用	根据应对问题情境的需要，合理地组织、调动各种相关知识与能力，运用实验等动手操作方法，探究所要解决的生活实践或学习探索情境中的各种问题。综合各种技术方法进行组合创新，将创意或方案转化为有形物品或对已有物品进行改进与优化，创新性地解决现实情境问题。
实践探索	语言表达	根据应对问题情境的需要，合理地组织、调动各种相关知识与能力，准确传达信息并进行交流沟通。能够根据具体情境的不同，选用口语、书面语等不同语体并灵活转换。熟练运用图像、图表、图片表达思维、观点，借助口语、书面语或绘图等方式表达抽象的概念。灵活运用各种文本形式准确表达个人的情感、思维和观点。能够根据情境需要，运用外语进行交流。
思维方法	科学思维	采用严谨求真的、实证性的逻辑思维方式应对各种问题。能够根据对问题情境的分析，运用实证数据分析事物的内部结构和问题的内在联系，以抽象的概念来反映客观事物的本质特征和内在联系。运用抽象与联想、归纳与概括、推演与计算、模型与建模等思维方法来组织、调动相关的知识与能力，解决生活实践或学习探索问题情境中的各种问题。
	人文思维	运用历史的、辩证的、审美的、系统的思维方式应对各种问题。能够根据对问题情境的分析，从多元性、情境性、关联性、层次结构性、动态平衡性、开放性和时序性等方面把握问题与事物的本质。综合运用联想、类比、引申等思维方法，组织、调动相关的知识与能力，解决生活实践或学习探索情境中的各种问题。

续　表

一级指标	二级指标	指标内涵
思维方法	创新思维	运用开放性、创新性的思维方式应对问题情境，组织相关的知识与能力，注重独立性、批判性、发散性的思考。综合运用直觉的、顿悟的、灵感的、形象的、逻辑的方法，提出新视角、新观点、新方法、新设想，创新性地解决生活实践或学习探索问题情境中的各种问题。

（三）关键能力

关键能力是指即将进入高等学校的学习者在面对与学科相关的生活实践或学习探索问题情境时，高质量地认识问题、分析问题、解决问题所必须具备的能力。它是使学习者适应时代要求并支撑其终身发展的能力，是培育核心价值、发展学科素养所必须具备的能力基础，是高水平人才素质的重要组成部分。

基于学科素养导向，承接学科素养要求，结合学生认知发展实际，高考评价体系确立了符合考试评价规律的三个方面的关键能力群：第一方面是以认识世界为核心的知识获取能力群；第二方面是以解决实际问题为核心的实践操作能力群；第三方面是涵盖了各种关键思维能力的思维认知能力群。根据高考的特征，高考评价体系将这三个方面关键能力的发展水平作为主要考查内容，以区分学生综合能力水平的高低，引导基础教育对学生综合能力的培养。

1.知识获取能力群

"知识获取能力"是指学习者在面对与学科相关的生活实践或学习探索问题情境时，客观描述世界、科学解释世界的过程中表现出的稳定的个性心理特征，是个体认识世界、学会学习所必须具备的关键能力。主要包括：语言解码能力、符号理解能力、阅读理解能力、信息搜索能力、信息整理能力，等等。

经过素质教育的培养，知识获取能力强的学习者应当能够阅读和理解学科的各种主要文本、基本符号，能够客观全面地获取相关信息，能够从情境中提取有效信息；能够准确概括和描述学科所涉及基本现象的特征及其相互关系，并从中发现问题；能够透过现象看到本质，发现隐含的规律或原理；能够对学科基本知识进行结构化理解，形成学科知识网络。

2. 实践操作能力群

"实践操作能力"是指学习者在面对生活实践或学习探索问题情境时，进行学以致用的学科认知操作和行动操作的过程中表现出的稳定的个性心理特征，是理论联系实际所必须具备的能力基础。主要包括：实验设计能力、数据处理能力、信息转化能力、动手操作能力、应用写作能力、语言表达能力，等等。

经过素质教育的培养，实践操作能力强的学习者应当能够根据实验目的和要求，设计合理的实验方案，进行正确的实验操作，科学收集、处理并解释实验数据；能够根据行为目标和面临的客观条件，设计或选择解决问题的最佳方案；能够对问题解决方案的合理性、可行性进行基于事实和逻辑的论证；能够根据方案的实践结果不断修正和改进方案；能够运用口头语言和书面语言进行沟通交流，准确表达自己的看法，通过合作解决问题。

3. 思维认知能力群

"思维认知能力"是指学习者在面对生活实践或学习探索问题情境时，进行学科认知加工的过程中表现出的稳定的个性心理特征，是学习者在秉持科学态度，运用严谨的理性思维和丰富的感性思维，发现新问题、运用新方法、解决新问题、获得新结论的过程中表现出来的思维能力，是激发个体好奇心、想象力、塑造创新人格所必须具备的能力基础。主要包括：形象思维能力、抽象思维能力、归纳概括能力、演绎推理能力、批判性思维能力、辩证思维能力，等等。

经过素质教育的培养，思维认知能力强的学习者应当能够独立思考，通过自己的逻辑思辨，发表独立的、有创造性的看法；能够从多个视角观察、思考同一个问题；能够灵活地、创造性地运用不同方法，发散地、逆向地解决问题；能够通过敏锐的洞察力，发现复杂、新颖情境中的关键事实特征和有价值的新问题；能够将所学知识迁移到新情境，解决新问题，得出新结论，并且能够科学地反思和验证自己的新结论，以确保新结论的可靠性。

（四）必备知识

必备知识是指即将进入高等学校的学习者在面对与学科相关的生活实践或学习探索问题情境时，高质量地认识问题、分析问题、解决问题所必须具备的知识。它是由人文社会科学和自然科学各学科的基本事实、基本概念、基本技术与基本原理组成的基本知识体系。这一知识体系由陈述性知识和程序性知识构成，是应对情境所必须具备的各种复杂的产生式系统。必备知识与关键能力一样，是学科素养的基础支撑。

基于学科素养导向的原则，对于经过高中阶段学习、即将进入高等学校的学习者而言，在知识领域方面的要求是：理解并掌握人文社科的基本问题、基本原理与基本思想，尤其是人文思想的正确立场、观点与方法；理解并掌握基本的科学知识与技术、科学精神与思维方法；掌握运用语言或其他符号形式进行表达的知识。对知识组织方式的要求是：掌握并形成人文社会科学和自然科学各学科的基本知识结构，包括整体知识框架及基本事实、基本概念、基本原理、基本技术与方法，其中整体知识框架与基本事实以陈述性知识形态掌握并形成知识结构，基本概念、基本原理、基本技术与方法以程序性知识形态掌握并保持；语言或符号表达的知识以程序性知识形态掌握并保持。

四、四翼——高考考查要求

高考评价体系的"四翼"考查要求立足于素质教育应达成的内容表现与形式表现，是在高考中对素质教育进行评价的基本维度。它既回答了在德智体美劳全面培养的素质教育体系中高考"怎么考"的问题，也回答了在高考这一素质教育的关键环节中如何科学评价学生综合素质的问题。"四翼"考查要求一方面体现了高校在人才选拔中对学生素质进行评价的要求，另一方面也对普通高中学业质量达标水平、学生核心素养达成水平以及高中素质教育发展水平在高考评价中作出了解读。因此，"四翼"既是落实高考"服务选才"功能的着力点，又是发挥高考"引导教学"功能的抓手。

在高考命题的实施过程中，"四翼"是联结"四层"高考考查内容与高考命题实践的纽带。高考评价体系通过"四翼"实现对学生"四层"的有效考查，也通过"四翼"实现对高考试题质量的有效评价。因此，"四翼"不仅是评价学生素质高低的基本维度，也是评价高考试题质量优劣的基本指标。

（一）基础性

素质教育各个阶段的教育教学目标具有一定的连续性，这主要体现在前一阶段学习成果是后一阶段学习成果的基础。扎实牢靠的学习成果是学生求真理、悟道理、明事理的坚实基础。对于即将进入高等学校的学习者来说，应该为继续学习和终身发展打下牢固的基础。基础扎实的学习者能够在广阔的学科领域中准确理解并熟练掌握主干内容，具备应对生活实践或学习探索问题情境的基本知识、基本能力与基本素养，具备进入高等学校进行专业学习和终身发展所需要的必备知识、关键能力和学科素养。

基础性包括学科内容的基本性、通用性以及情境的典型性。它要求以生活实践或学习探索中最基本的问题情境作为任务创设和基本知识能力运用考查的载体，对即将进入高等学校的学习者应掌握的学科基本概念、原理、技能和思维方法进行测量与评价。

（二）综合性

综合素质的培养是德智体美劳全面培养教育体系的基本要求。具备良好综合素质的学习者能够综合运用科学的思维方法，合理地组织、调动不同学科的相关知识与能力，高质量地应对生活实践或学习探索中的复杂问题情境，能够触类旁通、举一反三，甚至融会贯通。具体而言，对同一层面的知识、能力、素养能够横向融会贯通，形成完整的知识结构、能力结构网络；对不同层面的知识、能力、素养能够纵向融会贯通，了解必备知识与关键能力、学科素养、核心价值之间是紧密相连、具备内在逻辑联系的整体。

综合性不仅针对学科内容，还包括情境的复杂性。从学科内容选择的角度看，综合性要求以多项相互关联的活动组成的复杂情境作为载体，能够反映学科知识、能力内部的整合及其综合运用，体现对即将进入高等学校的学习者知识、能力、素养之间的纵向整合能力以及综合运用水平的测量与评价。

（三）应用性

素质教育的根本任务在于培养社会主义建设者和接班人，培养能够扎根人民、奉献国家、肩负民族复兴使命的时代新人。素质教育培养出的合格人才应该能够学以致用，能够探索并解决日常生活、学术科研、国家发展乃至人类社会所面临的各种问题。在应用性方面表现出色的学生善于观察各种现象，能够主动灵活地应用所学知识分析并解决社会生活实践中的问题，高度关注与国家经济社会发展、科学技术进步、生产生活实际等紧密相关的内容与问题，具备良好的实际问题解决能力。

应用性要求以贴近时代、贴近社会、贴近生活的生活实践或学习探索问题情境为载体，将陈述性知识与程序性知识的有机整合和运用作为考查目标，设计生产生活中的实际问题，体现对即将进入高等学校的学习者迁移课堂所学内容、理论联系实际水平的测量与评价。

（四）创新性

素质教育的突出特征之一是对创新性的强调。德智体美劳全面培养的教育体系突出对创新思维的培养，国家科教兴国和人才强国战略也将创新型人才培养作为重要方向。发散思维、逆向思维、批判性思维等思维品质是创新思维的重要特征。具备良好创新思维的学生能够摆脱思维定式的束缚，善于独立思考，大胆创新创造。他们具备敏锐发现旧事物缺陷、捕捉新事物萌芽的能力，具备推测、设想并周密论证的能力，具备探索新方法、积极主动解决问题的能力。

创新性要求创设合理情境，设置新颖的试题呈现方式和设问方式，要求对即将进入高等学校的学习者在新颖或陌生的情境中主动思考，完成开放性或探究性的任务，发现新问题、找到新规律、得出新结论的水平进行测量与评价。

后记

高考是一项具有鲜明中国特色的基本教育考试制度。教育部考试中心（原国家教委考试管理中心）自 1987 年成立以来，一直在教育部领导下承担高考命题工作，始终将推进高考内容改革作为命题工作的重要基础，多年来进行了持续而深入的研究，积累了丰富的理论与实践经验。

2014 年,《国务院关于深化考试招生制度改革的实施意见》对高考内容改革提出了新的时代要求,教育部考试中心随之启动了构建高考评价体系的研究工作。

为使高考内容改革研究更能体现全国教育大会精神,符合新时代教育改革发展的根本遵循,保证改革的理论成果更加科学系统,实践指导作用更为持久长效,教育部考试中心根据教育部高考内容改革的工作部署,创造性地提出构建高考理论与实践体系的构想,并组织华南师范大学、北京师范大学、华东师范大学、华中师范大学和陕西师范大学的150 余位专家学者,将全国划分为五大片区,对基础教育和高等教育进行了广泛的实证调查研究。同时,对国家政策文件、国家课程方案和课程标准、高校人才培养方案、高校人才选拔需求、基础理论等内容进行了系统的文献梳理和分析研究,最终形成理论性与现实性相结合、国际化与民族化相结合、基础教育与高等教育相衔接的研究成果——中国高考评价体系。中国高考评价体系有助于充分发挥高考育人功能和积极的导向作用,对于全面贯彻党的教育方针、健全立德树人落实机制、发展素质教育、推进教育公平、办好人民满意的教育,具有重大而深远的意义。本次出版的《中国高考评价体系》和《中国高考评价体系说明》是对中国高考评价体系核心内容的精练呈现。

中国高考评价体系的研究和构建,以及《中国高考评价体系》《中国高考评价体系说明》的编写出版,得到了社会各界的高度关注和广泛支持。各级教育行政管理部门、各相关高校和研究机构提供了大量的文献资料,教育学者、高考学科测评专家、课程标准研发人员、中学教师及各界相关人员提供了大量的宝贵意见和建议。人民教育出版社为本书的出版提供了大力帮助。在此,谨对上述参与和支持本书研究出版的单位和个人表示衷心的感谢!同时希望广大读者对本书的错谬之处提出批评指正。

结　　语

　　情境教学把情、形、境、理熔于一炉，对启迪学生智能、促进学生发展、优化课堂教学起到事半功倍的效果。在教育改革的形势下，能够在课堂教学中创设适当的教学情境以实现教学目标，已经成为每一个思想政治教师必备的基本素质。本书既是对中学思想政治课教学的探索，又是对笔者三十年教学实践经验的总结。由于笔者的研究能力有限，所以本书在很多地方还存在缺憾。今后，笔者要对情境教学法做进一步的实践及研究，同时汲取各种教学方法的长处，不断改进自己的教学工作。成绩的取得离不开老师的帮助和指导，在此感谢关心、支持笔者的老师和同事。让我们共同努力，在教学实践中不断探索出更多情境教学的新经验，促进教学改革的不断发展。